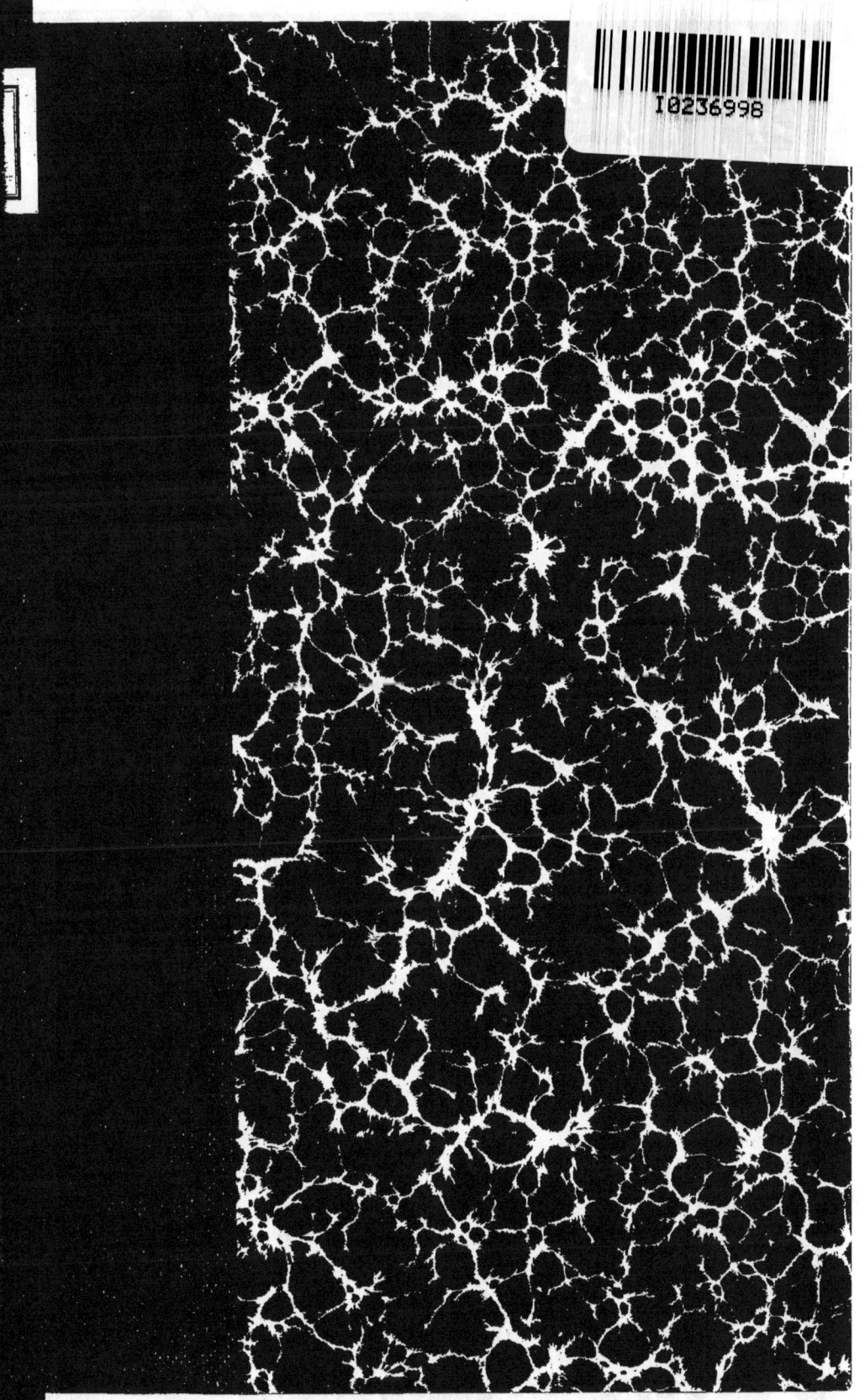

ACTUALITÉS

POLITIQUES.

TRADUCTION ET REPRODUCTION RÉSERVÉES.

VIENNE.

A. PICHLER VEUVE & FILS, IMPRIMEURS-ÉDITEURS.

MDCCCLXVIII.

ACTUALITÉS

POLITIQUES.

TRADUCTION ET REPRODUCTION RÉSERVÉES.

VIENNE.

A. PICHLER VEUVE & FILS, IMPRIMEURS-ÉDITEURS.

MDCCCLXVIII.

ACTUALITÉS

POLITIQUES.

TABLE DES MATIERES.

		Pages
I.	L'Équilibre européen	1
II.	La Question orientale	54
III.	La Papauté et le progrès	109
IV.	Les Alliances naturelles	162

AVANT-PROPOS.

Dans une occasion semblable à celle où le présent opuscule nous placera vis-à-vis de la presse, certains journaux ont tiré parti de notre anonymité et du fait que nous écrivions en français, pour nous suspecter, nous et notre brochure*) Ce genre de critique est déloyal, attendu que les journaux les plus respectables de l'Europe, et ceux-là même auxquels nous fesons allusion jouissent tous

---

*) „L'Autriche à la recherche de la meilleure des Alliances." Vienne 1867.

du bénéfice de l'anonymité. Et, pour ce qui est du français, nous avons dû nous l'imposer, malgré-nous, en raison de son caractère de langue internationale. D'ailleurs, qu'est-ce que le nom de l'auteur et sa langue ont de commun avec les principes et les faits? Que la presse veuille donc bien, le cas échéant, nous suivre sur le terrain sur lequel nous nous sommes placé, nous discuter, nous réfuter; mais qu'elle ne nous mesure pas avec une mesure indigne à la fois d'elle-même et de notre sujet.

Vienne, en Mars 1868.

L'Auteur.

ACTUALITÉS POLITIQUES.

I.

L'ÉQUILIBRE EUROPÉEN.

Si les Anciens avaient prévu qu'un jour l'ambition dynastique pousserait les successeurs de Charlemagne, à inventer la fiction d'un équilibre politique européen tel que nos diplomates l'entendent encore aujourd'hui, sans aucun doute ils nous eussent fait grâce de leur mythe de Sisyphe. L'analogie frappante de ces deux fables leur eut incontestablement fait sentir tout ce qu'il y avait de naïve et antédiluvienne ironie, à mettre un roi damné d'origine douteuse en concurrence d'attributions avec des souverains par la grâce de Dieu.

Si donc il arrive jamais que l'histoire conteste à nos potentats le mérite d'avoir les premiers travaillé pour le roi de Prusse, ce ne sera, nous nous plaisons à le constater, ni leur faute ni celle de leurs ministres : car il y a eu de part et d'autre assaut de persévérance et de bonne volonté.

Le mot équilibre n'a qu'une acception propre, et signifie équipondérance ou égalité de pesanteur, de tendance des corps vers un centre commun; il est donc synonime de repos absolu. Employer cette expression au figuré, ce serait par conséquent admettre qu'il peut y avoir équilibrement entre grandeurs invariablement inégales, pondération facultative et mobile; en un mot: équilibres et équilibres, comme il y a fagots et fagots.

C'est en effet cette dernière définition qui, malgré son absurdité, si non à cause de son extravagance, a seule cours parmi nos diplomates.

Si donc l'idée même d'équilibre est essentiellement une et indivisible, et que son application ne puisse avoir en touts cas que les mêmes conséquences, il est évident que l'équilibre européen ne saurait être que la pondération absolue des forces matérielles internationales de l'Europe, la répartition égale du territoire et de la population entre touts ses différents états, grands et petits.

Par analogie, le critérium politique de cet équilibrement devrait être aussi une paix universelle et permanente, comme le repos est le résultat de l'équipondérance matérielle en général.

L'équilibre politique, ou plutôt ce qu'on est convenu d'appeler ainsi, a parcouru en Europe deux phases historiques essentiellement différentes. La première réalisa le but aujourd'hui attribué à cet équilibre, au moyen d'une répartition de forces diamétralement opposée à l'idée d'équipondérance, tandisque la phase actuelle, s'éloigne de son but en proportion directe du progrès qu'elle fait vers la pondération des forces internationales. En créant sa monarchie universelle, Charlemagne fesait de l'équilibre européen sans le savoir; et posait sans le vouloir la *conditio sine qua non* de la réalisation des rêves de paix de nos *équilibreurs* modernes. En revanche, touts ces partisans de la théorie d'équilibrement international, inaugurée par le roi de France Henri IV, qui affectent de ne considérer l'équipondérance politique que comme moyen de fonder un état de paix perpétuelle, font de l'équilibre européen sans le pouvoir; car aussi longtemps que l'Europe en sera réduite à n'attendre la paix que de la force matérielle, il est évident qu'elle ne l'aura qu'à condition qu'un seul état impose son hégémonie à tous les autres.

La destruction de l'unité de l'Empire romain-germanique, par les mains mêmes de son fondateur, remit la paix du monde à la merci de l'ambition dynastique d'une masse d'aventuriers, et la guerre en permanence. On vit alors une armée de laquais, s'abattre sur les lambeaux sanglants de l'héritage de Charlemagne, comme l'aigle qu'ils prenaient souvent pour symbole s'abat sur un cadavre. La fureur qu'ils mettaient à la curée des provinces jadis impériales, pour les transformer en monarchies légitimes par la grâce de Dieu, inaugura un nouveau genre de guerres fratricides dont l'Europe n'avait alors aucune idée. Des chenapans ecclésiastiques ou séculiers, ameutaient les unes contre les autres des populations ignorantes mais paisibles, pour revendiquer par les armes de prétendus droits héréditaires, dont personne ne connaissait les titres. De cette manière, l'héritage de Charlemagne fut non-seulement déchiré en un nombre infini de petits états impuissants, mais les peuples en dégénérèrent graduellement, avec une conséquence telle, qu'ils perdirent bientôt jusqu'au souvenir de leurs droits nationaux et au sentiment de leurs droits naturels. Après quelques siècles de querelles intestines, durant lesquelles les prisonniers de guerre étaient sans exception réduits au servage, toutes les peuplades de ce vaste empire ci-devant germanique, c'est-à-dire libre, furent attachées à la glèbe. Mais comme l'alliance des méchants n'est jamais de longue durée, il advint bientôt que les usurpateurs se déclarèrent la guerre en permanence, dans le but d'équilibrer *européennement* le butin. Il s'en suivit une recrudescence d'anarchie nobiliaire et cléricale, de pillage et de massacres des serfs par leurs hauts et puissants seigneurs. Les défis, guetapens, embûches et combats, accompagnés de meurtres et de dévastation, prirent des proportions telles que la race des vilains, cette classe nourricière et seule contribuable, menaçait de s'éteindre sous les poids de la misère.

La chevalerie se voyait déjà menacée de vivre honnêtement, faute de voyageurs à dévaliser, et la sainte Eglise catholique, apostolique et romaine exposée à perdre ses divins revenus, parceque les trépassés ne laissaient pas de quoi se faire tirer du Purgatoire, et que les survivants ne pouvaient plus payer de dîmes. Par bonheur --- pour le clergé et la noblesse — ces beaux esprits se rencontrèrent à cette extrémité, sur le terrain de leurs intérêts.... spirituels. Afin d'avoir toujours des champs à dîmer, des messes payées et des marchands à dévaliser, il fut convenu entre les parties intéressées, qu'il y aurait désormais équilibre européen, entre les jours de la semaine où la chevalerie se livrerait au brigandage, et ceux où elle viendrait gagner l'absolution du clergé.

Cette primitive *élihuburritade,* qu'avec sa modestie ordinaire le clergé est convenu d'appeler Trêve de Dieu, peut être considérée comme l'embryon de notre fameux équilibre européen.

Depuis, il se passa des siècles et de nombreuses générations, qui toutes arrosèrent de leur sang les sillons fertilisés à la sueur de leur visage, qui toutes maudirent la guerre, soupirèrent en vain après la paix, et qui dans leur profond avilissement en étaient réduites à envier le sort des meutes de leurs seigneurs. Quelques empereurs et rois firent bien, de temps en temps, quelques tentatives pour améliorer le sort des malheureux serfs, surtout à partir de Konrad II, mais ils étaient rarement en état de dompter à ce point la brutalité de leurs vassaux.

L'avènement de Rodolph de Habsbourg fut généralement accepté comme une garantie d'ordre et de justice, après un long interrègne d'anarchie et d'iniquité; mais il fit trop pour sa dynastie et trop peu pour l'Allemagne. Henri VII de Luxembourg tenta bien de rétablir en Europe l'hégémonie de l'Empire, mais ses projets contrecarraient les plans de suprématie papale, et il mourut empoisonné par une hostie, dit-on.

La paix d'Arras, en 1482, qui sanctionnait les droits de la France à la possession de la Bourgogne, créa entre les maisons de Valois et de Habsbourg un antagonisme, qui devait ensanglanter l'Europe durant trois siècles. Bien que leurs peuples n'eussent absolument rien à voir à ces guerres dynastiques, ils s'y prêtaient avec un fatalisme tout oriental, parce que chacun d'eux croyait qu'il entrait dans les desseins de Dieu, que sa dynastie nationale eût la prépondérance en Europe. C'est ce qui fit que les longues hostilités entre François I et Charles-Quint furent, de part et d'autre, acceptées comme préférables aux petites guerres du passé, parcequ'on en prévoyait un résultat.

En France, où les souvenirs de Charlemagne ne prirent jamais un caractère national, on désirait voir l'antagonisme des deux grandes dynasties de l'Europe faire place à la suprématie incontestée de la maison de Valois; tandisque en Allemagne le peuple rêvait, comme de tous temps, la restauration de l'Empire romain-germanique.

Cette tendance à l'unité implique sans doute, une négation de l'histoire de notre développement moral; car chez nous, plus que par tout ailleurs, c'est l'individualité politique, l'autonomie des petits états qui fut mère de ce progrès littéraire, artistique et scientifique, qui plaça la race germanique à la tête de la civilisation. Mais tel était le besoin d'une autorité centrale, et d'un état de paix durable, que le jour où la Réformation vint délivrer nos pères de leur état de torpeur séculaire, le premier usage qu'ils firent de leur intelligence, fut de saluer simultanément Charles-Quint et Luther comme restaurateurs politique et religieux d'un nouvel Empire. Le moment était décisif; si Charles-Quint embrassait la foi régénérée, le trône de Charlemagne était à jamais acquis à sa dynastie, et le seul équilibre européen matériellement possible était affermi, la paix universelle assurée à jamais. Mais si, perpétuant les erreurs de sa race, l'Empereur se fesait l'instrument aveugle des foudres du Vatican, sa dynastie devenait plus que jamais le fléau des peuples et le jouet de la papauté, en attendant qu'elle fût un objet de dérision pour l'histoire.

Charles-Quint s'était d'avance entièrement familiarisé avec le rôle de Charlemagne, et avec la nécessité d'assurer en permanence la paix de l'Europe, en y créant un état capable de la dicter en tous temps. On sait même que ce prince avait par ses demi-confidences provoqué de la part des Electeurs, qui disposaient de la couronne impériale, une défiance telle que son élection en était compromise quand Fréderic de Saxe, l'un de ses intimes, entreprit de leur donner le change, et y réussit. Ce ne fut que le jour du couronnement que les princes-électeurs comprirent qu'ils venaient d'être dupés, lorsque Charles-Quint refusa sa signature à la capitulation, par laquelle ils avaient prétendu l'empêcher de réunir l'Empire à ses états héréditaires.

Tout semblait dès lors favoriser les projets ambitieux du jeune successeur de Charlemagne!

Après que la paix de Cambray eut consacré son triomphe définitif sur les armes de la France, et les conspirations de Clément VII, l'Empereur se rendit à la diète d'Augsbourg, en apparence pour y régler la position des Réformés, mais en réalité pour requérir l'assistance des princes d'Allemagne contre les Turcs, qui venaient d'envahir la Hongrie.

L'instant suprême, qui d'habitude ne se présente qu'une fois durant la vie des dynasties, était arrivé pour la maison de Habsbourg. Si au lieu de chercher à temporiser, dans l'espoir de duper des adversaires plus fins que lui, Charles-

Quint s'était franchement mis à la tête de la Réformation, l'Allemagne était à lui; l'Europe et le pape même eussent été à ses pieds. Les Turcs qui lui causaient, et lui causèrent depuis tant d'embarras, eussent été trop heureux d'acheter la paix et la protection d'Allemagne, au prix de leurs possessions européennes. La Russie aurait continué à s'appeler Moscovie, et ne menacerait pas à l'heure qu'il est l'existence même de la dynastie de Habsbourg.

Malheureusement, avec cette duplicité qu'on a souvent reprochée à sa race, l'Empereur avait déjà pris vis-à-vis du pape l'engagement formel de refouler l'hérésie au sein de l'Eglise, ou de l'extirper par le fer et par le feu, dès que les temps lui paraitraient propres à cet acte de piété filiale.

Il est évident que tout fut perdu!

Depuis ce jour néfaste, il suffisait qu'il s'élevât en Allemagne un rival protestant, qui tout en tirant habilement parti de nos fautes sût attendre patiemment l'heure inévitable de notre décrépitude, pour que l'Autriche eût tout à redouter.

Cette heure fatale sonnait, au moment où Benedek expédia son tragique télégramme de Königgrätz.

O honte! o douleur! le simple choc d'une dynastie qu'un Empereur de la maison de Habsbourg venait de tirer du néant, a suffi pour précipiter l'Autriche dans l'abîme où nous la voyons!

Le jour où Charles-Quint associa sans retour, les destinées d'une race elle-même isolée au milieu d'un monde nouveau, à celles d'une religion en pleine décadence, il devint évident que les tribulations de l'une seraient désormais les tribulations de l'autre, et que quand l'une tomberait l'autre ne pourrait espérer de survivre sans répudier hautement la succession de la défunte. Or aujourd'hui, le catholicisme ultramontain personnifié par le pape se meurt et tous les miracles opérés par les chassepots, sous l'intercession de St. Pierre d'Arbuez, patron des rôtisseurs d'hérétiques, ne feront que prolonger son agonie, sans lui rendre ses sens perdus.

Lorsque des plans tels que celui de Charles-Quint échouent, leur insuccès devient généralement le signal d'une réaction, dont l'intensité et la durée sont proportionnées à la grandeur de l'entreprise. Dans une lettre destinée à réclamer du pape la reconnaissance, pour les services qu'il lui rendait contre les hérétiques, Charles-Quint affirme que la paix, tant politique que religieuse, ne saurait être garantie en Europe, qu'à condition d'y créer un état exclusivement catholique, dont la proportion des forces matérielles serait à l'ensemble des autres états ce que trois sont à un.

On conçoit l'effet que cet aveu devait produire sur les Français, auxquels ce plan d'hégémonie était le plus directement opposé. Charles-Quint n'eut donc pas plutôt quitté la scène de ses déceptions, que déjà les Bourbons renouvelèrent le cartel, par lequel François I. avait provoqué le gigantesque duel dynastique à vie et à mort, qui pendant des siècles ensanglanta l'Europe, et aboutit à l'épilogue de Solférino.

En opposant, pour la première fois, le principe d'équilibre international européen au défi de prépondérance politique, qu'un empereur d'Allemagne venait de lancer à la face de la France, Henri IV ne prévoyait certainement pas l'effet terrible de cette nouvelle arme. Il ne se serait jamais imaginé, que touts les maux jadis sortis de la fameuse boîte de Pandore n'étaient que jouets d'enfants, comparativement aux malheurs indicibles que son invention allait répandre sur l'humanité. Il faut croire, pour son honneur, qu'aveuglé par le désir d'affaiblir la maison de Habsbourg, pour prévenir de sa part toute tentative ultérieure d'hégémonie, le Béarnais se laissa entraîner, en dépit de son bon coeur, à méconnaître le caractère déloyal de l'arme qu'il adoptait. Le bon roi voyait, ou affectait de voir dans l'équilibrement international de l'Europe le palladium de tous les droits; et c'est de la réalisation de cette théorie absurde qu'il espérait l'affranchissement de l'humanité. Selon lui, la réorganisation politique, sociale et religieuse, d'où devaient résulter la paix, la fraternité et la prospérité universelles, dépendait essentiellement de la répartition égale des forces matérielles entre un nombre d'états donné. Il parait que ce mirage philantropique avait pris sur son imagination ardente, un ascendant tel que sa conviction ne pouvait être ébranlée même par l'aspect de la guerre d'extermination européenne, qu'il allait provoquer au moment de sa mort.

Henri IV ne peut pas être disculpé de toute arrière-pensée, de toute ambition personelle et dynastique, mais il n'en est pas moins vrai que son entraînement humanitaire était sincère; il voulait avant tout le bonheur des peuples, comme plus tard notre immortel Joseph II. Malheureusement l'un comme l'autre de ces bienfaiteurs couronnés, oublia que les peuples n'apprécient presque jamais le bonheur qu'on leur octroye, et que pour qu'un progrès soit durable il faut qu'il soit l'oeuvre de la nation tout entière. La généreuse utopie du héros d'Jvry, s'explique cependant tout aussi bien que son insuccès; elle était née de la nécessité d'affaiblir sans délai la maison de Habsbourg, qui s'était déclarée à perpétuité le gendarme de la papauté, pour l'asservissement des consciences; et comme il y avait, ainsi que l'histoire l'a prouvé, péril en la demeure, il dut anticiper sur la coopération des peuples, en fesant pour eux ce qu'il eût dû faire par eux.

Contrairement à ses successeurs, qui firent de l'équilibre européen un prétexte permanent de guerres de conquête, et n'inscrivent la paix sur leur drapeau que pour donner le change au peuple, qui leur fournit les soldats et l'argent, le bon roi n'entendait bien réellement entreprendre sa dernière guerre que pour conquérir la paix universelle.

Après avoir partagé l'Europe en un certain nombre d'états égaux, dans lesquels toutes les opinions politiques, toutes les confessions religieuses et toutes les formes de gouvernements réguliers eussent été représentées, Henri voulait en régler les rapports internationaux, de manière à rendre les armées permanentes à jamais superflues et la guerre inutile, puis couronner son oeuvre en déclarant les peuples majeurs et les affranchissant de leurs tuteurs temporels et spirituels. Ce paternel souverain, qui ne trouvait aucune question indigne de sa sollicitude quand il s'agissait d'améliorer le sort des classes souffrantes, se serait alors occupé d'assurer à tous ces peuples divers la poule au pot, qui n'était déjà plus une chimère pour ses sujets.

Dans ces visions d'homme éveillé, partout le ridicule coudoye le sublime; cependant, si l'on tient compte de la différence des temps et de l'état politique de l'Europe, on est bientôt forcé de convenir que ces naïvetés-là disparaissent, devant la colossale absurdité de nos *équilibreurs* politiques actuels.

Si Henri IV avait jamais pu concevoir l'idée d'équilibrer l'Europe, dans des circonstances analogues à son état actuel, son bon sens nous est garant, que ce n'eût été qu'en guise de délassement comique; et qu'il en eût confié l'application à ses bouffons, mais non à ses ministres. Par un jour de mardi-gras, l'on eut pu voir alors Polichinel, hérissé de bouts de chandelles de suif, alléchant les Cosaques vers la principauté de Liechtenstein, pour l'équilibrer *européennement* avec la Moscovie.

A l'instar de ces mandarins chinois, qui travestissent en ordonnances liberticides les engagements libéraux pris dans leurs traités avec les nations policées, les épigones du Béarnais n'ont accepté son programme d'équilibrement que pour en faire la carricature. Depuis des siècles déjà, tous les peuples civilisés soupirent après un état de paix permanent, hors duquel leur prospérité n'est qu'un vain songe. Mais chaque fois qu'ils s'attendent à le voir inaugurer, la diplomatie remet sur le tapis sa question stéréotype d'équilibre européen ; et au lieu de paix, nous avons la guerre, avec ses augmentations d'impôts et d'armées permanentes.

Il est vrai qu'alors, les droits et les libertés des peuples sont réduits dans la même proportion.

Après chaque copieuse saignée européenne, telle que celles des guerres provoquées par Louis XIV, des guerres de trente ans et de sept ans, de la première République et de l'Empire, des guerres de Crimée, d'Italie et de Bohême, l'équilibre européen est rétabli ; mais il ne dure qu'autant que l'épuisement d'hommes et d'argent. Aussitôt que les millions gaspillés et les soldats broyés par le canon ont été remplacés, adieu la paix ! — La chasse à l'équilibre recommence de plus belle ; et ainsi de suite, de génération en génération.

C'est ainsi que l'idée généreuse, originairement attachée à l'expression équilibre européen est devenue le fléau de l'Europe, le prétexte perpétuel des guerres iniques, provoquées par le despotisme dans un but dynastique, et diamétralement opposé à tous les intérêts des peuples.

Depuis que „l'Empire c'est la paix", chaque fois que ce fatal équilibre européen est remis en question, nous avons absolument la même certitude de guerre, le même pressentiment de carnage et de dévastation que les Musulmans, quand ils voient la chemise du Prophête flotter sur la coupole de Ste-Sophie. Pour nous Allemands, en particulier, ces mots sinistres furent presque toujours le signal d'attentats à l'intégrité de notre commune patrie, qui, ainsi que le prouve la solution récente de l'affaire de Luxembourg, semblerait à jamais destinée à fournir le trait à la fausse balance de la diplomatie.

C'est sous le masque hypocrite de l'équilibre européen, qu'à la paix de Westphalie Richelieu escamota à l'Allemagne les territoires de Metz, Toul et Verdun, occupés par les Français durant la guerre de Schmalkade; et qu'il nous arracha en outre l'Alsace autrichienne, le Sundgau, Brisach et le droit de garnison de Philippsbourg.

Ce brillant succès, favorisé par la trahison ou la lâcheté de princes allemands, devait encourager à des tentatives analogues une nation qui n'a cherché de tout temps que plaies et bosses, et qui, en politique, n'a encore aujourd'hui aucune notion arrêtée sur la différence entre *le mien* et *le tien*. L'astucieux Louis XIV, qui aspirait ostensiblement à restaurer au profit des Bourbons la monarchie universelle de Charlemagne, trouva dans ces précédents une large voie ouverte à son ambition, inaccessible à tout scrupule. Convaincu que quand on prend de l'Allemagne on n'en saurait trop prendre, et que tous les prétextes sont bons là où il s'agit des faibles, ce despote sans foi ni loi exploita à son tour l'équilibre européen, avec le cynisme qui lui était propre. Notre patrie en fut littéralement traitée comme un bien sans maître, et déclarée de bonne prise.

Afin que nos gallophiles ne nous accusent pas de récriminer gratuitement; et pour leur donner une idée sur la manière dont les Français se glorifient de ces faits encore aujourd'hui, qu'il nous soit permis de citer le passage suivant, tiré de l'histoire de France par Mr. Ed. Mennéchet, tome second, page 276, troisième édition de 1855, ouvrage couronné par l'Académie française:

.... „*Ainsi, sur mer et sur terre, en Flandre, en*
„*Catalogne et sur les bords du Rhin, les armes de*
„*Louis XIV avaient triomphé. C'est alors qu'il pro-*
„*posa la paix, non en roi qui la demande, mais en roi*
„*qui l'impose. Les traités de Nimègue avec la Hol-*
„*lande, l'Espagne et l'Empire prouvèrent l'habileté de*
„*sa diplomatie et la fermeté de sa politique. Il parla*
„*en vainqueur et fit la loi. La Franche-Comté, la*
„*Flandre presque entière et l'Alsace furent acquises à*
„*la France. Bientôt même la ville impériale et libre*
„*de Strassbourg échangea son indépendance contre la*
„*gloire d'appartenir à une grande nation.*"

Voilà les ouvrages que l'Académie française favorise de sa réclame!

Nous pourrions citer des tirades non moins outrageantes, de tous les historiens populaires en France; mais le chauvinisme a fait son temps. D'ailleurs, depuis que la Prusse a réunis les Allemands sous un même glorieux drapeau: sous le drapeau de Katzbach, de Leipzig et de Waterloo, à la moindre provocation, tous sont prêts à prouver à la France, qu'elle ne fut jadis grande que parce que l'Allemagne était petite.

Depuis Louis XIV, à-peu-près tous les gouvernements qui se sont succédé en France, se sont posé en champions de l'équilibre européen, alors même qu'ils avaient seuls la volonté, ou le pouvoir de le menacer. Quelques fois même, ils firent à ce propos preuve d'une conséquence peu digne d'une grande nation, qui a la prétention d'être le protecteur des faibles, et de marcher à la tête de la civilisation. Depuis Napoléon, qui doit à la valeur des Polonais une grande partie de sa gloire, la France *reconnaissante* a beaucoup parlé, trinqué et dansé pour la Pologne, cent fois promis de la faire revivre dans l'équilibre européen; et qu'est-ce qu'elle a fait?

En revanche, lorsque la Suisse voulut modifier ses institutions, et se donner une constitution plus centraliste, le gouvernement de Louis-Philippe fut le premier à ameuter contre elle les diplomates de la Ste-Alliance, sous prétexte qu'une Suisse centralisée détruirait l'équilibre européen!

Ce fut aussi au nom de l'équilibre européen que Napoléon III provoqua la guerre idéaliste et desintéressée d'Italie; et que pour rééquilibrer l'Europe, mise hors d'équilibre par cet équilibrement, il poussa le desintéressement jusqu'à annexer la Savoie.

La Ste-Alliance représentait un territoire de plus de **400,000** milles géographiques carrés, une population de cent cinquante millions, et disposait de trois millions de soldats. La France, à laquelle cette alliance était particulièrement opposée, n'a qu'une superficie de 10034 milles carrés, une population de trente sept millions et demi, et un million de soldats tout au plus. Ce nonobstant, jusqu'au jour où l'empereur Nicolas s'obstina à refuser le nom de frère à l'homme du deux Décembre, personne n'avait pensé que l'équilibre européen fût le moins du monde altéré, par cette énorme disproportion numérique de forces. Il importe d'ailleurs de constater, que ce fut précisément la France, cette puissance si pointilleuse en matière d'équilibrement, qui, par ses victoires d'Italie et de Crimée, en prouva l'absurdité. Elle paralysa la Ste-Alliance par deux alliances et une neutralité, isola successivement la Russie et l'Autriche; et, par la supériorité de ses armes, fit pencher la balance à la confusion du grand nombre!

Combien faudrait-il d'ailleurs de milles carrés de sol, de millions de population et de milliers de soldats russes, pour contrebalancer le seul génie d'un Napoléon I? — Et, partant, qu'est-ce qu'un équilibre qui peut être modifié, du tout au tout, non-seulement par une alliance et une neutralité, mais simplement par un grand capitaine!

On a répété souvent, et avec raison, qu'il n'est pire sourds que ceux qui ne veulent pas entendre; or c'est là évidemment le cas de la France, dans la question d'équilibre européen. Depuis longtemps, sa propre expérience lui a prouvé que cet équilibre n'est qu'une chimère; et cependant elle s'obstine à le patronner, encore à l'heure qu'il est.

Lorsque la Confédération germanique avait une population de soixante-dix millions, et deux millions de soldats, aucun gouvernement français n'a prétendu qu'elle compromît l'équilibre. La guerre de Bohême vint la dissoudre, en **1866**, et le traité de Prague en faire trois groupes d'états isolés, dont aucun ne dispose de plus de sept cent mille hommes; et depuis ce temps la France voudrait nous faire accroire que l'équilibre européen est détruit!

Si avant l'année 1866, les Français avaient tenté la conquête de la rive gauche du Rhin, deux millions d'hommes se fussent levés pour la défendre; tandisque dans une éventualité analogue, ils n'en rencontreraient aujourd'hui que la moitié, même avec le contingent des états du Sud. Et ce nonobstant, la France prétend que la guerre de Bohême a détruit l'équilibre européen, et qu'à moins d'une compensation, elle est menacée en permanence d'une nouvelle invasion prussienne!

Eh bien, messieurs les Français! si l'Autriche, la Confédération germanique, le Pape et *tutti quanti* étaient si indispensables à votre équilibre européen, que ne les avez-vous laissés en repos? — Pourquoi leur avez-vous suscité la guerre d'Italie et de Bohême, et vous êtes-vous jetés sur eux, sans provocation aucune: absolument comme des polissons attaquent des anonymes à leur sortie de classe, pour faire trêve à la discipline du collége?

Si donc il y a aujourd'hui en Europe moins d'équilibre européen que Napoléon III daigne sembler en désirer, qu'il s'en prenne à ses bons amis, M. M. les comtes de Cavour et de Bismark, et qu'il nous laisse en repos. Ce tapage, pour des pots qu'on a cassés soi-même, commence à être souverainement poissard.

Quand on envisage cette question d'équilibrement des forces internationales, au point de vue du but pacificateur que la diplomatie affecte de lui assigner, et que les peuples ont trop souvent la naïveté d'escompter par des sacrifices généreux, il est constant que ni la guerre d'Italie ni celle de Bohême n'ont pu l'altérer le moins du monde. Sauf l'Angleterre, qui cherche ses garanties de paix dans l'équipondérance entre les droits du peuple et ceux de la couronne, en aucun temps les forces matérielles de la pentarchie, qui a la prétention de former seule cet équilibre européen, ne furent mieux équipondérées qu'aujourd'hui.

D'après le plus récent Tableau statistique publié par Mr. le Dr. Hübner, cet équilibre européen peut se résumer comme suit:

	Superficie territoriale	Population	Armées permanent.
Russie	370,041 mill. geogr. carrés	75,738,242 ames	868,000 hommes
Autriche	11,294 ,, ,,	33,560,000 ,,	618,735 ,,
France	10,034 ,, ,,	37,386,313 ,,	757,000 ,,
Prusse	6,416 ,, ,,	23,626,363 ,,	642,171 ,,
Angleterre	7,764 ,, ,,	29,346,823	

Ces derniers chiffres, restés à-peu-près stationnaires depuis vingt ans, prouvent que la forme d'équilibre international préférée par nos diplomates et leurs traîneurs de sabre, est déjà presque complète. D'ailleurs, si l'on tient compte de la sollicitude toute paternelle, déployée aujourd'hui par les souverains de ces états, pour rivaliser dignement de fusils, canons, sabres, bayonnettes, mitraille et boulets, l'équipondérance d'armes et de munitions sera bientôt aussi parfaite que celle des soldats.

Il va sans dire, que les forteresses, arsenaux et casernes ont une large part dans cette tendre sollicitude: d'autant plus que comme les gamins seront désormais soldats, il va être possible de transformer en établissements plus utiles un grand nombre de maisons d'école.

Cette équipondérance n'en laisse pas moins subsister quelques légers scrupules, au point de vue de son caractère *européen* ; car, le prince de Liechtenstein, entr'autres, qui tient sa couronne de la grâce de Dieu, tout aussi bien que ses frères, et dont les états sont plus *européens* que ceux du Czar, et aussi *européens* qu'il en fut jamais, ne possède à l'heure qu'il est qu'une armée de soixante-dix hommes!

Après la bataille de Hochstädt, où le territoire de la France était menacé aux quatre points cardinaux par la coalition victorieuse, l'armée ne comptait encore que deux cent-dix mille hommes. Cet effectif, que Louis XIV n'outrepassa jamais, avait suffi pour tenir tête au reste de l'Europe. Mais grâce au prétexte de l'équilibre européen et à l'usage agressif qu'en fit dès lors la France, il y eut désormais entre les puissances rivales de l'Europe une émulation fiévreuse, en matière d'accroissement d'armées. Quand les rois de France levaient une recrue, fesaient fabriquer un fusil et fondre un canon, vite les ambassadeurs de leurs rivaux dénonçaient cet attentat à l'équilibre européen ; et leurs augustes maîtres ne pouvaient alors dormir sans cauchemar, aussi longtemps qu'ils n'avaient pas dépassé leur ambitieux émule, au moins de toute la longueur d'une pique.

Ce *steeple chase* d'un nouveau genre, sans autre but déterminé que celui de surpasser toujours un rival infatigable, dans le nombre de soldats, armes et munitions, porte à croire que nos pieux souverains cherchaient l'équilibre européen, tout en priant le bon Dieu de ne jamais le leur faire trouver.

Napoléon, dit le grand — pour prévenir tout malentendu — était trop peu idéologue et trop logique pour se compromettre par de semblables utopies: tels feux-follets fourvoyent tout-au-plus nos albinos diplomatiques. L'homme des Pyramides dédaignait l'escamotage politique, les moyens usés, et par conséquent le masque crasseux de l'équilibre européen. Il voulait ce que Charles-Quint et Louis XIV avaient voulu: c'est-à-dire la prépondérance européenne. S'il échoua, malgré son génie, dans ses tentatives de restaurer la monarchie universelle au profit de sa dynastie, c'est parce que l'Empire de Charlemagne fut une institution éminemment germanique, un fait trop glorieusement national, et est resté jusqu'à ce jour une tradition trop profondément enracinée dans le coeur de tout bon Allemand, pour pouvoir être subjugué, même par dix Napoléon. L'empire romain-germanique ne peut pas être abdiqué par les rois, autrement il aurait peut-être suivi l'Alsace et la Lorraine. Il appartient au peuple allemand, qui le résuscitera en son temps, dans les limites de sa nationalité tout entière, afin qu'il achève glorieusement ses destinées civilisatrices, pour le bien de l'humanité."

Voilà pourquoi, non-seulement la rive gauche du Rhin, mais pas le plus petit lambeau de ce noble empire, pas même l'épaisseur d'un cheveu du sol germanique ne portera désormais le joug honteux de l'étranger. Il faut au contraire que le jour où notre futur Empereur brandira l'épée nationale, tous les peuples de langue teutonique le saluent comme un libérateur, et jurent de le défendre, comme nos pères défendirent jadis ce qui leur restait de patrie contre le héros de Ste. Hélène.

Plusieurs historiens français se sont livré à des dissertations fort prétentieuses touchant „*l'insuccès des victoires*" de Napoléon en l'Allemagne;

et selon leur coutume, ils l'ont attribué à des circonstances fortuites: au hasard, à la trahison. Pauvres gens! — Voici ce qui est arrivé, et qui vous arrivera aujourd'hui encore beaucoup plus tôt qu'alors: Tant que le peuple allemand ne vit dans les succès de Napoléon qu'un juste châtiment des méfaits de certains despotes abhorrés, il laissa à leurs armées d'automates le soin de se faire tuer pour eux; mais le jour où votre empereur fit mine d'étendre sa main victorieuse vers la couronne de Charlemagne, sa perte fut inévitable, et cela tellement, que le sacrifice de votre dernier homme et de votre dernier écu ne la retardèrent pas d'une heure.

Ce grand homme, auquel il n'a peut-être manqué que la descendance d'un tout petit prince germanique pour voir réaliser ses vastes projets, amena par sa chûte une réorganisation radicale de ce qu'on recommença à appeler l'équilibre européen. La Sainte-Alliance fut mise dans le plateau de la balance, opposé à la France, restaurée pour les Bourbons. Mais la dérision, qui aurait pu s'attacher à l'emploi du mot équilibre, fut considérablement neutralisée par l'exposé des mo-

tifs, qui en forme le corollaire dans les Actes du Congrès de Vienne. En lisant ce programme, on serait tenté de prendre la sainteté au sérieux, tant cette Alliance évite ce qui pourrait ressembler à une menace vis-à-vis de la France!.... „*En con-*
„*séquence* — dit ce fameux programme — *le seul* „*principe en vigueur entre les contractants sera celui* „*de se rendre réciproquement service, de se témoigner* „*par une bienveillance inaltérable l'affection mutuelle* „*dont ils doivent être animés, de ne se considérer tous* „*que comme délégués de la Providence pour gouverner* „*trois branches d'une même famille; savoir: l'Autriche,* „*la Prusse et la Russie, confessant ainsi que la nation* „*chrétienne, dont eux et leurs peuples font partie, n'a* „*réellement d'autre souverain que celui à qui seul ap-* „*partient en propriété la puissance, parce qu'en lui* „*seul se trouvent tous les trésors de l'amour, de la* „*science et de la sagesse infinie, c'est-à-dire Dieu, notre* „*divin sauveur Jésus-Christ, le Verbe du Très-Haut,* „*la parole de vie.*"

On conviendra que, si adversaire il y avait, tel adversaire n'était pas fait pour inspirer à la France le sentiment de son immense infériorité numérique; il fallait en effet qu'elle fût passablement rassurée sur les intentions de ses vainqueurs, pour ne pas se sentir allarmée de leur équilibrement européen.

En 1825 l'équipondérance militaire de ces états, se chiffrait comme suit:

	Armées sur le pied de guerre
Russie	1,057,000 hommes
Autriche, y compris l'insurrection hongroise	800,000 ,,
Prusse, y compris la Landwehr	550,000 ,,
Total pour la Sainte-Alliance	2,407,000 hommes
France	355,000 ,,
Excédant d'équilibre, au profit de la Ste-Alliance	2,052,000 hommes

Depuis leur restauration, due entièrement au bon plaisir des Alliés, les Bourbons renoncèrent avec une louable conséquence à exploiter l'équilibre européen; et sans des événements imprévus, l'Europe eut dès lors pu concevoir quelque espoir, de se voir enfin délivrée de cet affreux cauchemar.

Malheureusement, l'Empereur Alexandre mourut en 1825; et l'avènement de son frère Nicolas, livra de nouveau la Russie à l'ancien parti moscovite, qui se mit plus que jamais à travailler à la réalisation de l'idée panslaviste, léguée aux Czars par le testament de Pierre-le-Grand.

Pour surcroît de prétextes, vinrent successivement encore, des conspirations contre les trônes et les autels, et des révolutions, qui, en démontrant la fragilité des uns et des autres, forcèrent leurs propriétaires à prendre des mesures de sûreté. La Russie justifia l'augmentation de ses armées par la révolution polonaise, et des menées démagogiqes en général. La France et les autres puissances continentales suivirent son exemple, par les mêmes motifs, ou tout simplement pour ne pas rester en arrière. Et comme il était, et sera toujours difficile de contrôler l'état militaire de la Russie, il arriva qu'on prit pour réalité les fanfaronnades de la presse moscovite, et les exagérations des feuilles mercenaires de l'empereur Nicolas. Jusqu'à ce que la guerre de Crimée vint nous révéler les pieds d'argile de ce prétendu colosse moscovite, nous étions si bien convaincus que ses armées étaient inombrables, que la peur nous poussait à favoriser les mesures destinées à rétablir l'équilibre européen, du côté où il était le moins compromis. Lorsque la guerre d'Orient vint nous démontrer notre bévue, le mal était déjà fait; et l'Europe vit alors, à son grand désappointement, qu'elle venait d'être encore une fois dupe de la France, qui, sous le prétexte permanent de rétablir l'équilibre européen, venait de le détruire de fond en comble.

Au moment où l'on s'attendait à voir accomplir la prédiction de Napoléon, qui prétendait que l'Europe n'aurait bientôt d'autre alternative que de se faire républicaine ou cosaque, elle était menacée de redevenir bonarpatiste. Or, il est certain qu'entre toutes les solutions imaginables, il n'en est aucune qui ne fût mille fois préférable à celle-là; plutôt Moscovite, Turc ou Chinois que Français, sous un tel régime!

C'est donc encore sous le masque hypocrite de l'équipondérance internationale, que la France, ou plutôt l'homme qui l'a confisquée à son profit, compromet en permanence la paix du monde, sous prétexte de la sauvegarder. Cette manière de duper les peuples, ce cynisme qui consiste à rejeter sur d'autres l'odieux de provocations, qui ruinent le commerce et l'industrie, et mettent l'Europe à la besace, font vivement regretter la droiture de caractère du grand Napoléon. Avec lui, du moins, les peuples savaient à quoi s'en tenir: son empire n'était pas la paix, et ne connaissait pas de paix armée. De son temps, l'Europe avait la guerre ou la paix; et dans ce dernier cas, les armes étaient loyalement déposées. Dès lors on n'entendait plus parler, d'inventions journalières de nouveaux systêmes de fusils ou de canons. Le commerce et l'industrie, la prospérité publique, l'existence des masses n'étaient pas à la merci de discours allarmants ou hypocrites, touchant les chances de paix ou de guerre, mais le plus souvent destinés à pousser une spéculation à la hausse ou à la baisse. D'ailleurs, nous le repétons, le grand Napoléon ne fit jamais en équilibre européen, ni en guerre idéale et désintéressée. Tout le monde savait ce qu'il voulait; et ses adversaires entr'autres, qu'ils s'exposaient à lui fournir les moyens d'accroître sa prépondérance territoriale.

En fait, il semble qu'il devrait importer fort peu à des vaincus, d'être dépossédés au nom de l'hégémonie européenne de Napoléon I, plutôt que sous le prétexte d'équilibrement européen de son neveu. Cependant, entre ces deux formes de spoliation, nos diplomates font une différence très-spirituelle. Qu'un potentat provoque une guerre dans le but de prépondérance, et il peut être sûr de se trouver, dans les quarante huit heures, en face d'une coalition; mais qu'il masque le même but du prétexte d'équilibre européen, et il est sûr de localiser la guerre, jusqu'à ce que l'annexion soit un fait accompli.

L'existence d'un être quelconque, c'est, selon nos philosophes, la reproduction non interrompue des éléments dont il tire son origine. Appliquée au système crée par le guetapens du 2 Décembre, cette théorie se confirme jusque dans ses moindres détails; elle vérifie en outre le proverbe, qui attribue aux forfaits la propriété fatale, de n'enfanter que des forfaits. Le parjure du 2 Décembre engendra l'empire, *qui est la paix;* la paix engendra les guerres de Crimée, d'Italie, de Bohême, le tripot Jecker: par lequel une dette douteuse de **700** mille dollars, fut convertie en brutale réclamation d'une centaine de millons; laquelle engendra la *donquichottade* du Mexique, la trahison de Soledad, la mystification de l'empereur Maximilien, l'aliénation mentale de l'impératrice Charlotte et l'exécution de Queretaro!

Tous ces parjures, mensonges et trahisons dénotent un cynisme et une brutalité tellement exécrables, que, si même la conscience des peuples pouvait jamais les absoudre, le sang innocent qui a arrosé les pavés de Paris et la colline où expia Maximilien, les cadavres de proscrits qui gisent dans les solitudes infectes de Cayenne et les sables de Lambesse, crieraient vengeance à l'histoire. Mais la vengeance de l'humanité outragée ne s'est pas fait attendre. La retraite précipitée et peu française de l'armée du Mexique, devant les menaces du cabinet de Washington, constitue un outrage, tel que la France n'en essuya jamais de pareil, et tel que Louis-Philippe, lui-même, ne l'eût jamais accepté. D'ailleurs, de quel côté qu'on envisage la politique extérieure du système du 2 Décembre, l'on ne découvre qu'insuccès, contre-temps, déceptions et affronts de touts genres. Napoléon III a essuyé, par fois, plus d'humiliations en huit jours, que Louis-Philippe pendant tout son règne; au moins défions nous les détracteurs mercenaires de ce bon roi, d'inventer à sa charge aucun fait aussi humiliant pour la France que le soufflet américain.. Ce nonobstant, les laquais de la presse servile, qui naguère acceptèrent cet outrage avec la résignation propre aux gens de leur métier, ont le front d'affirmer: que le roi-citoyen avait humilié la France; et qu'il était bien temps qu'il vint un Napoléon, pour lui rendre son prestige! Nous conviendrons que, depuis que la France marche à la tête de la civilisation coiffée de la calotte, et portant coquille et bourdon, scapulaires, amulettes, médailles et rosaire bénits, nous ne savons plus trop ce qu'on y entend par prestige. Nous nions cependant qu'une victoire comme celle de Mentana, remportée par une armée régulière, munie de chassepots, rendus miraculeux par l'intercession de St-Pierre d'Arbuez, soit une revanche pour Mexico.

Quoiqu'il en soit, il est aujourd'hui de notoriété universelle, en dépit de la muraille chinoise que la police bonapartiste forme entre la France et le reste du monde; il est notoire, disons nous, qu'à part les ultramontains et ses propres complices, l'Empire ne compte plus que quelques rares partisans dans le peuple français. Le trône du 2 Décembre craque dans tous ses joints, et déjà la main invisible a gravé son irrévocable „MENE, MENE, TEKEL, UPHARSIN" sur les lambris dorés de la salle de ses festins. L'un des plus serviles courtisans de l'Empire, et convive de toutes ses orgies, vient en effet d'avouer, qu'il a découvert un point noir, à l'horizon des destinées providentielles de la dynastie impériale. Sans doute, il ne dit pas, que ce point noir est grand comme la France; mais à bon lecteur deux mots suffisent!

Depuis longtemps, d'ailleurs, un bruit sourd, le mécontentement mal contenu des masses, qui en France sont toujours des avant-coureurs de l'orage, ont pénétré jusqu'à nous. Nous savons en outre, que dans les grandes villes, des milliers d'ouvriers sont sans travail et sans pain; que la France, *qui est assez riche pour payer sa gloire,* laisse actuellement mourir de faim en Algérie des centaines de milliers d'indigènes, apparemment, parce qu'elle *n'est pas assez riche pour payer son pain!*

En présence de ces perplexités, en France plus que suffisantes pour emporter une dynastie, il n'est pas surprenant qu'un homme comme Napoléon, ne recule devant aucun moyen pour conjurer la foudre. Déjà l'année dernière, il fit sérieusement mine de se faire un paratonnerre du Luxembourg, sans avouer pourtant encore qu'il y eut péril en la demeure. Tout récemment cependant, S. M. daigna proclamer l'existence de trois points noirs, au-dessus de sa tête auguste; or de là à chercher un paratonnerre, il n'y avait que la distance d'un mot d'ordre.

L'ordre de trouver ce paratonnerre a été donné; et un certain Mr. Gressier vient de nous apprendre, à l'occasion des débats sur la réorganisation de l'armée française, que le paratonnerre est déjà trouvé. C'est, comme toujours, l'équilibre européen qui est destiné à en tenir lieu.

La France gémit sous un avilissant régime; mais comme ce régime est la conditio sine qua non de l'existence de la dynastie, qui s'est donnée à elle le 2 Décembre, il est impossible de sacrifier les droits de son héritier au salut de trente sept millions. Il y a quelques années que pour se défaire de certains députés et journalistes importuns, Napoléon leur promit le couronnement de l'édifice par la liberté; mais lorsque tout récemment ils osèrent rappeler à S. M. que l'édifice était toujours sans couronne, elle les fit fourrer au violon. Depuis ce temps l'Empereur ne souffre plus qu'on lui parle liberté ni édifice. Les mouchards ordinaires de S. M., qui, à Paris entr'autres sont beaucoup plus nombreux que les honnêtes gens, incarcèrent quiconque est suspect de contravention à sa volonté irresponsable.

On conçoit aisément la juste indignation de ce noble peuple français; elle va jusqu'au délire, et s'est manifestée plus d'une fois dans ces derniers temps, par des signes qui précèdent toujours de près les barricades. Napoléon se trouve donc à l'heure qu'il est littéralement en face de l'alternative de Hamlet: „*To be, or not to be!*" — La révolution est imminente, et se présente cette fois sous un aspect d'autant plus subversif, que le débordement de mœurs s'allie dans la France actuelle à la haine de tous les partis contre le pouvoir.

Napoléon qui connait ses Français, ou qui du moins croit apprécier exactement l'effet que produit sur eux la perspective d'une guerre étrangère, est donc résolu de lâcher encore une fois ses armées sur l'Europe. Par deux fois déjà l'expédient lui a réussi, ou à-peu-près; pourquoi donc ne le tenterait-il pas une troisième fois? — En fait, n'a-t-il pas personnellement tout à gagner et rien à perdre!

On se souvient qu'un des plus irréconciliables adversaires de l'Empire, Mr. de Montalembert, a publiquement déclaré, qu'il se rallierait invariablement à la dynastie de Décembre, si elle parvenait à doter la France de ses frontières naturelles. Or, du moment que l'armée française sera munie de chassepots, à toute extrémité, le bonapartisme tentera l'aventure; et il faut qu'il la tente très-prochainement, sauf à n'en plus avoir l'occasion.

„*La politique de fantaisie,* dit Mr. Gressier, *se per-*
„*met par fois des excursions au-delà de l'Océan, mais*
„*les grandes guerres européennes s'imposent irrévoca-*
„*blement; on ne les cherche pas, on les évite rarement.*
„*Ces graves événements se reproduisent deux fois dans*
„*le cours d'un siècle. Quand l'équilibre est détruit, il*
„*faut le rétablir; or il ne se rétablit ni par l'accord*
„*des peuples ni par des conférences: il est uniquement*
„*le résultat d'une grande guerre.*"

Ce langage est incendiaire, cynique, indigne d'une nation civilisée, mais il est clair. Le trône des Bonaparte n'est pas consolidé, et ne se consolidera jamais; d'ailleurs les Français sont portés à la révolution quand même. Si l'on tient compte de la durée ordinaire de la vie d'un souverain, et de l'impatience du peuple français, ce n'est pas trop présumer que d'admettre pour la France la chance de deux révolutions par siècle: à chaque changement de dynastie, de forme de gouvernement, ou avènement au trône. Il est clair que c'est cette dernière prévision, qui préoccupait Mr. Gressier, ou du moins son maître. Eh bien! aux termes de cette déclaration, chaque fois que la France sera menacée d'une crise de ce genre, c'est l'Europe qui en pâtira. Que les peuples s'accordent ou qu'ils ne s'accordent pas; que des conférences se prononcent, oui ou non, pour le maintien de la paix, nous aurons, ainsi le veut l'empereur des Français, une *grande* guerre tous les cinquante ans, pour rétablir l'équilibre... en France, s'entend!

Or, sans égard à la durée de cette guerre, qui peut être de trente ans, puisqu'elle sera *grande;* et sans compter les *petites guerres*, qui éclateront par-ci par-là pour protéger le Pape, nous pouvons compter que désormais, chaque, génération sera décimée et ruinée *Ad majorem Napoleonis gloriam.*

Maintenant, l'Europe acceptera-t-elle le rôle de souffre-douleur du bonapartisme, à l'instar de ce pauvre diable, qui sous la dynastie des Bourbons était destiné à prêter ses épaules aux coups de férule mérités par le dauphin? Ah vraiment! si à la première tentative de réaliser cette monstrueuse doctrine, n'importe contre qui, l'Europe ne se levait pas comme un seul homme, pour anéantir l'agresseur, ses peuples ne seraient plus dignes de l'indépendance. Qu'on ne nous objecte pas à cet égard la neutralité belge, hollandaise ou helvétique: le jour où il s'agira de sauver notre civilisation, qui ne sera pas pour nous sera censé être contre nous.

La théologie des Bramines admet aussi, au profit du rétablissement de l'équilibre, une incarnation de Vischnou; mais elle y met plus de discrétion que Mr. Gressier: elle se borne à le faire venir une seule fois en plusieurs mille ans, et encore vient il sans chassepots.

L'affirmation *que l'équilibre ne peut être que le résultat d'une grande guerre* serait d'une naïveté charmante, si l'on n'évoquait pas involontairement à ce propos les sanglants souvenirs de la guerre de succession d'Espagne, de la dévastation du Palatinat, des guerres de trente ans et de sept ans, de celles de la République et de l'Empire, sans compter celles dont nous venons d'être témoins. Sans doute, vous avez raison, Mr. Gressier; de toutes ces grandes guerres il est résulté un équilibre, parce que les trépassés des temps modernes n'ont pas, comme jadis les guerriers d'Atila, le don de détruire encore une fois l'équilibre dans les airs, après s'être entrégorgés sur terre. Mais, franchement ! — est ce à l'épuisement de l'éspèce humaine que S. M. Napoléon III daignerait aspirer ?

Nous l'avons prouvé, et nous le répétons: le seul équilibre européen que l'on puisse obtenir par la guerre, c'est l'équilibre d'épuisement; et cet équilibre menace de se perfectionner jusqu'à l'anéantissement, depuis l'adoption universelle du nouveau système d'armes à feu.

Mais, est-ce bien là ce que les peuples de l'Europe entendent par équilibre européen; et surtout, est-ce cet équilibre qui leur assurera jamais la paix perpétuelle et la réduction des armées permanentes, objet de touts leurs vœux?

Plus de trois siècles de sanglante expérience nous ont irréfutablement démontré, que ce que le despotisme a seul intérêt à nous faire accepter comme équilibre européen, n'est pas plus européen qu'il n'est équilibre, en général. Ce prétendu équilibre ne peut pas s'appeler européen, pour la raison pure et simple qu'il n'est pas équilibre. Et si même nous adoptons la définition diplomatique, qui restreint le principe d'équilibre à la pentarchie européenne, il nous est impossible de reconnaître le critérium de l'équilibre à un état de chose sans stabilité; qui laisse en tout temps la vie et la fortune des peuples, à la merci d'un despote comme Napoléon III.

Donc, ce prétendu équilibre européen, basé sur l'équipondérance des forces matérielles des cinq grandes puissances de l'Europe est une chimère, qui n'en resterait même pas moins chimère, si au lieu de se borner à la pentarchie, il embrassait tous les états européens. L'équilibre européen, tel que l'entendent les peuples: c'est-à-dire la paix perpétuelle et leur affranchissement des armées permanentes, est absolument indépendant de l'étendue territoriale, et du chiffre de la population des différents états. La principauté de Liechtenstein, joue dans cet équilibrement le même rôle que l'empire de Russie. Ce système d'équipondérance, qui seul peut non-seulement *promettre*, mais *tenir* son engagement d'assurer à l'Europe la paix perpétuelle, se résume dans les mots *souveraineté du peuple*. Il a déjà la sanction de l'expérience en Suède et en Norvège, en Danemark, en Hollande, en Belgique, en Angleterre, en Suisse et en Portugal; et promet de se réaliser bientôt en Italie, en Autriche et en Allemagne. Ce système civilisateur est compatible tout aussi bien avec la monarchie constitutionnelle, qu'avec les institutions républicaines. Dans les états où il domine, il n'est déjà plus question de guerres agressives; et si jusqu'à présent des armées plus ou moins permanentes y existent encore, c'est tout simplement la faute des états despotiques, comme la France et la Russie: qui, par leurs armées formidables et le caractère essentiellement agressif de leur politique, les forcent à se tenir sur la défensive permanente. Il est évident, que dans les états dont la constitution attribue aux représentants, directement élus du peuple le droit de voter l'impôt et le contingent de recrues annuels, la question de paix et de guerre ne saurait être résolue que dans un sens conforme aux vrais intérêts du pays.

Pour plus de sûreté, il ne sera cependant jamais superflu, aussi longtemps qu'il existera des armées permanentes, d'en exiger le serment de fidélité à la constitution : dans les états constitutionnels, le métier de soldat ne saurait être qu'une cumulation du caractère du citoyen, qui doit avant tout obéissance à la loi. D'ailleurs, aussi longtemps qu'un souverain constitutionnel donne l'exemple de soumission à la charte qu'il a juré d'observer, le serment constitutionnel du soldat, implique naturellement aussi le devoir de la fidélité envers le chef de l'État.

L'équilibre international européen, ne peut être qu'une conséquence naturelle de l'équilibrement intérieur des divers états de l'Europe, c'est-à-dire de la réalisation pleine et entière du régime constitutionnel, ou équipondération des droits des souverains et des peuples. Quand une fois ce système conservateur par excellence, sera appliqué par tout, comme il l'est dans un certain nombre d'états que nous venons de citer, la guerre sera impossible. Il est en effet absolument inadmissible que les peuples, auxquels l'étendue des états et leur circonscription furent de touts temps indifférentes, pussent jamais consentir à accorder un seul homme et un seul écu pour une guerre de conquête. Or le jour où, par le refus d'hommes et d'argent, ce genre de guerres exclusivement dynastiques sera banni de nos moeurs, les guerres défensives cesseront tout naturellement aussi, et, partant, la nécessité d'entretenir des armées en permanence.

Les états de l'Europe auront alors, provisoirement, tout au plus encore besoin de milices, organisées d'après le système suisse, pour maintenir l'ordre à l'intérieur, jusqu'à ce qu'enfin ils arrivent à n'avoir plus besoin que de constables, tels qu'on les a en Angleterre.

Nous ne nous dissimulons aucun des obstacles, qui peuvent retarder la réalisation de cette conséquence forcée du mouvement constitutionnel actuel. Nous comptons en premier lieu la question d'Orient, et ensuite la question d'unification de l'Allemagne, et enfin la question romaine. Nous n'ignorons pas non plus l'affreux despotisme qui règne en France, ni le danger d'ajournement inhérent au panslavisme moscovite. Mais en revanche, nous avons confiance dans la persévérance des peuples qui, excepté peut-être en Russie, dans dix ans d'ici auront fondé partout le régime parlementaire, réalisé la souveraineté du peuple, dans la monarchie constitutionnelle.

Ce premier succès nous est garanti d'ailleurs, par la banqueroute qui menace aujourd'hui l'Autriche, l'Italie, la Russie et la France en cas de guerre, et qui demain peut menacer également l'Allemagne. Et même sans guerre, ces états ne sauraient maintenir leur système actuel d'impôts et de déficit, sans pousser leurs peuples au désespoir. Or sans compter que l'Italie et l'Autriche sont des états, déjà absolument constitutionnels, que l'Allemagne l'est aux trois quarts et la Russie à demi, il est évident que la France ne tardera pas à secouer le joug qui l'oppresse, et à redevenir, comme après la révolution de Juillet, l'émule des nations parlementaires. Entre temps, les Grecs, Moldo-Valaques, Serbes et Monténégrins, nominalement encore tributaires du Sultan, régleront la question orientale en Europe, par le concours que la consanguinité et le souvenir de maux jadis soufferts en commun, leur font un devoir sacré de prêter à leurs nationaux et anciens compagnons d'esclavage, ainsi qu'aux autres nationalités chrétiennes impatientes de secouer le joug musulman. Et quant à la Turquie d'Asie, dont le partage nous paraît beaucoup moins imminent, il faut s'en rapporter absolument à l'action de ses peuples; c'est à eux seuls d'aviser, et de choisir la forme de gouvernement et le souverain qu'ils voudraient se donner, le cas échéant.

Du moment en effet, qu'il est irréfutablement prouvé, que l'équilibre politique international restera en Europe éternellement une chimère, et que fût-il même réalisable, il n'offrirait aucune garantie de paix, il est évident qu'il ne peut plus entrer en considération contre le gré des peuples, dans le réglement des questions politiques en général. Il faut par conséquent, que le principe de non-intervention soit désormais solemnellement consacré, et introduit formellement dans le droit des gens de l'Europe, tout aussi bien que le principe du suffrage universel dans le droit public de ses différents états.

Après cette double réforme, ou plutôt après cette double formalité, la solution des trois grandes questions qui agitent aujourd'hui le monde, cessera d'être une menace permanente de guerre européenne. On laissera les populations de la Turquie régler leurs affaires internes avec le Sultan, les Allemands du Sud trancher à leur gré la question de leur fusion dans la confédération du Nord; et quant au pape, il n'y a qu'à l'abandonner à l'amour de ses sujets.

Voilà le sommaire de tout ce que les grandes et les petites puissances peuvent légalement faire, ou doivent loyalement éviter, si leurs protestations pacifiques sont plus que des échappatoires. Si une fois les peuples ont la possibilité de régler leurs affaires intérieures avec leurs gouvernements, sans qu'aucune nation étrangère ait le droit d'intervenir, l'Europe aura une garantie de paix, telle que l'équipondérance des forces matérielles la plus absolue ne pourrait jamais la lui donner; et alors les peuples pourront travailler tout à leur aise, à rendre cet état de paix permanent, par la réalisation complète du régime constitutionnel, qui rendra la guerre impossible.

Le jour où l'Europe sera constitutionnelle, elle sera équilibrée, et cet équilibre est le seul qui puisse lui assurer la paix à perpétuité!

II.
LA QUESTION ORIENTALE.

Depuis que le protectorat des puissances occidentales a rendu plus manifeste l'incurable décrépitude de l'empire de Mahomet, et l'impossibilité de continuer à forcer ses populations chrétiennes à en subir plus longtemps la contagion, l'on se demande généralement, si la question d'Orient pourra se résoudre sans guerre européenne. Jusqu'à présent, la presse et l'opinion publique ont flotté à cet égard entre l'espérance et la crainte; mais à mesure que la crise devient plus imminente, l'espoir fait place à cette résignation fataliste, qui caractérise l'impuissance. En dépit de leurs institutions constitutionnelles, les peuples n'en sont pas encore arrivés à faire prévaloir leur opinion, d'une manière conforme à leurs intérêts, dans les questions internationales, et la diplomatie peut continuer à se mêler à toutes les rixes qui s'engagent à la surface du globe, sans s'inquiéter de l'avis des parlements.

L'on peut donc prévoir ce que nos diplomates prétendent faire de la question orientale, le jour où ils ne pourront plus en différer la solution à l'aide de protocoles. Au lieu de tenir compte des vœux des Chrétiens, en leur accordant le bénéfice du principe de non-intervention, ainsi que le réclament d'ailleurs le droit naturel et la voix de tous les peuples civilisés, les cabinets veulent pêcher en eau trouble. A une époque où toutes les nationalités tendent à l'autonomie, où les fusions politiques librement recherchées ou acceptées par les peuples, présentent seules les conditions indispensables d'existence et de développement pacifiques, l'arbitraire veut leur imposer des combinaisons dynastiques aussi odieuses qu'impossibles.

Depuis une quarantaine d'années que l'agonie de l'empire ottoman est de notoriété universelle, et où il est évident, qu'il suffirait de l'abandonner à lui-même pour qu'il mourût d'épuisement, tous les hommes d'état sensés considèrent les Chrétiens comme les héritiers naturels de ses provinces européennes, tandisque les Mahométans hériteraient de celles d'Asie et d'Afrique.

Les dynasties passent, les formes de gouvernement se modifient, mais les peuples restent et leur succèdent, en vertu de leur droit naturel. En pareils cas, il serait tout aussi criminel de prétendre déshériter une nation de ses droits politiques, de la faculté de choisir librement son chef et ses institutions, que de tenter de la dépouiller du sol que ses ancêtres ont arrosé de leur sang et fertilisé de leurs sueurs.

Les Bulgares, Grecs, Serbes, Albanais, Bosniaques, Juifs et autres nationalités moins importantes, occupaient les provinces européennes de la Turquie depuis bien longtemps, quand les hordes musulmanes vinrent en faire la conquête. Les puissances occidentales, qui s'en occupent tant aujourd'hui, les ignorèrent complètement, alors que les Janissaires ne leur laissaient de choix qu'entre le cimeterre et le Coran. L'Angleterre, la France et l'Autriche, toujours si pleines de sollicitude pour les intérêts du successeur de Mahomet, ne trouvèrent, d'ailleurs, pas une parole de commisération pour les infortunés Bulgares, lorsque, au milieu de la misère qui suivit la guerre d'Orient et le pillage des baschi-bouzouks, ils se virent forcés à donner asile à 595,222 émigrants Caucasiens et Tartares, qui, de 1854 à 1864, firent revivre dans les Balkans toutes les horreurs d'une moderne invasion de Huns. Les Chrétiens en furent chassés de leur chaumières, dépouillés de leur propriété, leurs sanctuaires furent profanés, leurs femmes outragées, sans même que ces faits provoquassent une note diplomatique. Il faut que nous vengions, disaient ces fanatiques Barbares, sur ces chiens de Chrétiens, tous les maux que leur corréligionnaires moscovites nous firent souffrir durant la guerre!

Ce n'est qu'après dix ans, durant lesquels la Bulgarie fut décimée par le choléra et les autres maladies contagieuses, importées par ces terribles hôtes, que le gouvernement turc se décida enfin à leur distribuer des terres. Mais, au lieu de les leur assigner dans les Hauts-Balkans, région que ces montagnards eussent préférée aux vallées, on leur donna la partie la plus fertile du sol bulgare, qui longe le cours du Danube, depuis les frontières de la Servie jusqu'à celles de la Dobrudja.

Le but politique de cette colonie de soixante-dix mille familles de Mahométans fanatiques est évident: c'est un cordon sanitaire, contre l'invasion de la civilisation.

Ce qui s'est passé de plus lâche, à cette occasion en elle-même si riche de faits révoltants, mérite d'être raconté:

Un assez grand nombre de familles bulgares, dépouillées de tout ce qui leur avait appartenu, s'étaient enfin décidées à accepter l'hospitalité désintéressée, que la Russie leur offrait en Bessarabie. Elles se convainquirent cependant bientôt, qu'en quittant leurs montagnes, les cavernes où blanchissent les ossements de leurs aïeux, qui préférèrent jadis la mort à l'apostasie, elles avaient trop présumé de leurs forces. Une partie d'entr'elles préféra donc revenir, mourir de faim sur le sol natal, plutôt que de vivre dans des conditions favorables au milieu d'un peuple ami, mais sur une terre d'exil.

On sait en effet, que rien n'attache autant l'homme à sa patrie que le sentiment d'une adversité commune: son sol tout entier devient pour lui un sanctuaire, en dehors duquel il n'est pas d'existence possible — témoins les malheureux Polonais!

Eh bien! — le croira-t-on? certains organes officieux ont triomphé de ce retour d'infortunés exilés, autant que s'il se fût agi du retour de nos „Zwanziger"; et d'une seule voix, la Turquie fut proclamée le premier pays du monde.... après l'Autriche!

On n'est donc pas peu surpris de voir aujourd'hui, que ces trois mêmes grandes puissances, qui de tout temps ont souverainement ignoré les Chrétiens de la Turquie européenne, s'en souviennent depuis quelques temps. Est-ce peut-être qu'elles auraient renié le Croissant, pour s'occuper enfin de la Croix? — Rien moins que cela; mais, en dépit de l'assurance des empiriques progressistes du Sultan, elles se sont enfin convaincues, qu'ils prodiguent leur orviétan à un cadavre.

La Turquie d'Europe est morte, et désormais il ne peut plus s'agir que d'en partager équitablement la succession. Là est toute la question orientale!

Si donc, au lieu de laisser faire les diplomates absolutistes, qui ne connaitront jamais d'autres intérêts que l'ambition dynastique de leurs maîtres, la solution en était remise, en premier lieu, aux parlements des états constitutionnels, cette question serait bientôt réglée à la satisfaction des peuples. Il suffirait pour cela que tous ces gouvernements s'engageassent à respecter, et à faire respecter, au besoin, le principe de non-intervention, laissant aux héritiers naturels du Sultan le soin de s'entendre sur ce qui les regarde seuls. En dehors de cette solution qui, au pis aller, pourrait amener une guerre locale entre la Porte, ses vassaux et ses sujets, il n'y a qu'aventures, iniquité, guerre européenne, révolutions, interventions et augmentations d'armées permanentes et de dettes publiques, à perpétuité.

Supposons que le système d'intimidation, récemment renouvelé, pour engager les populations de la Turquie européenne à rester tranquilles, et leurs anciens compagnons d'infortune, les Serbes, Grecs, Moldo-Valaques et Monténégrins à ne pas leur prêter secours fût couronné d'un succès momentané! — Qu'en résulterait-il? — Absolument rien, si non que le chiffre de nos armées permanentes resterait en attendant stationnaire, que les puissances protectrices se verraient forcées de combler le déficit du budget turc, et que douze millions de Chrétiens au désespoir dégénéreraient peu à peu jusqu'à la barbarie. Et si, entre temps, les puissances ne s'étaient pas entendues, cet expériment ruineux, particulièrement pour l'Occident, serait toujours à recommencer.

Admettons maintenant ce qu'il y a de plus vraisemblable : à savoir, que les menaces prodiguées aux gouvernements d'Athènes, de Bukarest, de Belgrade et de Cettinje, n'aient pour effet que de hâter l'explosion d'un soulèvement préparé de longue main. Alors, qu'arrivera-t-il ? — L'Angleterre hésitera, la Prusse en fera de même ou prendra avec la Russie fait et cause pour les Chrétiens, tandisque la tâche odieuse, de braver, par une alliance impie avec les Musulmans, l'opinion publique du monde civilisé, écherrait à la France et à l'Autriche.

Deux alternatives s'offriraient alors: ou la Turquie serait partagée entre les belligérants, ou morcelée en petits états parasites, comme la

Grèce, au profit de certaines altesses disponibles. Dans l'un comme dans l'autre cas, les nationalités violentées perpétueraient les conjurations; et de plus, dans la seconde alternative, les puissances protectrices auraient autant d'emprunts grecs à garantir, qu'elles eussent garanti de trônes. On conviendra que cette dernière perspective ne saurait guère enthousiasmer les peuples de l'Occident; et pourtant, il s'en présenterait le cas échéant une autre, encore beaucoup plus digne de leur considération.

Supposons, par exemple, que la Russie fût pour sa part, chargée de partager sa civilisation avec l'Asie-Mineure; l'Autriche sa centralisation avec la presqu'île des Balkans; la France son système de colonisation algérien avec Tunis, Tripoli, Fez, Maroc et le Sahara; l'Angleterre, son amour pour l'Irlande avec l'Egypte, la Syrie, la Palestine et la Mésopotamie; ne pourrait-il pas bien leur arriver de ne pas y suffire?

D'ailleurs, ne pourrait-il pas bien se faire aussi, qu'un tel accroissement de population, à l'aide d'éléments très-accoutumés au despotisme oriental, servît de prétexte à certains potentats, pour se délivrer de constitutions incommodes, et engageât leurs frères absolus à persévérer dans le despotisme?

Les peuples ont donc tout à gagner, à ce que la question orientale soit réglée sans délai, et par conséquent, à ce que leurs gouvernements lui appliquent le principe de non-intervention. Depuis que la diplomatie a reconnu que l'Italie appartient aux Italiens, comment pourrait-elle nier que la Turquie appartient aux Turcs?

D'ailleurs, de quel droit voudrait-on refuser aux Bulgares, aux Bosniaques, aux Croates, aux Albanais et aux populations de l'Herzégovina et d'autres provinces les institutions politiques qu'on a garanties à la Grèce, à la Servie et à la Moldo-Valachie?

L'empire ottoman a aujourd'hui encore, y compris les états nominalement tributaires, l'importance suivante:

En Europe 9,878 milles carrés, et 16,440,000 ames.
„ Asie 31,470 „ „ „ 16,000,000 „
„ Afrique 44,958 „ „ „ 5,000,000 „
Total 86,306 milles carrés, et 37,440,000 ames.

Dans les provinces d'Asie et d'Afrique, les Mahométans sont aux autres confessions religieuses à-peu-près ce que le chiffre des Chrétiens dans les provinces européennes: c'est-à-dire qu'il y a, au moins 12 millions de Chrétiens dans la Turquie d'Europe, et 12 millions de Mahométans, dans tout le reste de l'Empire turc.

De trois millions et demi de Mahométans, qui vivent dans les provinces européennes, deux millions sont de même nationalités que les Chrétiens, c'est-à-dire, pour la plupart Slaves. Ce sont des descendants des habitans qui embrassèrent l'islamisme à l'époque de la conquête, et qui occupent dès lors une grande partie des emplois publics. On compte à peine un million et demi de Mahométans asiatiques dans les états européens du Sultan, y compris qui y sont récemment arrivés du Caucase.

Il résulte de ces chiffres, que si l'opinion publique et les chambres des états constitutionnels de l'Europe, pour lesquels la Turquie est un danger permanent, parvenaient à forcer les grandes puissances à appliquer aux Turcs le principe du „*chacun chez soi et chacun pour soi,*" cette dangereuse question pourrait se résoudre de la manière la plus naturelle. En Europe, les Chrétiens turcs dénonceraient l'obéissance au Sultan solidairement, un pour tous, tous pour un, sans s'inquiéter de ce que feraient les peuples du reste de l'Empire, aussi longtemps que la Porte ne se montrerait pas hostile. Mais quand une fois elle aurait attaqué les Chrétiens, alors il y irait de leur existence de lui susciter des ennemis, dans tous ses autres états.

On a dit et répété, que les Chrétiens de la Turquie européenne sont tous partisans de la Russie, et qu'ils ne désirent tant s'affranchir de la souveraineté de la Porte, que pour se donner au Czar. Cela est absolument faux! La vérité est, que les Bulgares, qui forment, dans les Balkans seulement, une nationalité de plus de trois millions, ont préféré l'autorité du Sultan à toute autre, aussi longtemps que la situation politique de l'Empire n'excluait pas la possibilité de vivre sous son sceptre. Ce peuple honnête, doux, patient, laborieux et dévoué est naturellement porté à la reconnaissance envers ceux qui lui témoignent des sympathies, ou font quelque chose pour améliorer son malheureux sort. Rien ne serait donc plus naturel que son dévouement à la Russie; d'ailleurs, si les autres états sont jaloux de ces sympathies, personne ne les empêche de lui faire concurrence, en matière de bienfaits. Mais il y a encore loin, entre les sympathies que les Bulgares et les autres nationalités chrétiennes éprouvent pour le Czar, et l'idée d'en accepter la domination. Ce peuple ne manque pas d'hommes de talent, qui connaissant le reste de l'Europe, sont à même d'en apprécier les institutions politiques et aiment la liberté, par dessus tout. Or, il est évident que la Russie ne peut pas correspondre à leurs tendances.

Autant qu'on peut en juger pour le moment, les plans des Bulgares sont infiniment plus raisonnables. Depuis qu'ils sont convaincus que tous les *hattis* et *fermans* de la Sublime Porte, sont tout au plus bons à faire des dupes, ils n'en veulent naturellement plus entendre parler. En attendant ils se sont comptés, et ils ont découvert que quand on est trois millions à vouloir exactement la même chose, et qu'on est entouré de neuf millions de compagnons d'adversité qui, en raison de l'infériorité numérique de leur nationalité, seraient tout disposés à vouloir ce que veut la nationalité la plus forte, l'on peut déjà courir quelques chances, surtout contre des Turcs. En un mot, les Bulgares, la plus forte nationalité concentrée de la Turquie d'Europe, aspirent à fonder un état indépendant, qui puisse se fusionner plus tard avec la Servie et la Moldo-Valachie, et avoir Sophia pour capitale.

La position géographique de la Turquie européenne, qui en fait une annexe tout-à-fait étrangère et naturellement séparée de l'empire ottoman, sa population non moins étrangère par ses nationalités polyglottes, sa religion, ses mœurs, ses tendances politiques et ses besoins tant matériels qu'intellectuels, font qu'une séparation pourrait s'effectuer sans danger pour l'existence de la dynastie du Sultan. Le chef des Croyants y perdrait seize millions et demi de rénégats et de mécréants: voilà tout. Mais, en supposant que ses sujets mahométans ne soient pas poussés à la révolution, par une guerre ruineuse contre les Chrétiens, Sa Hautesse ne risquerait pas plus son trône, que S. M. notre empereur ne risquait le sien, en cédant la Lombardo-Vénétie. Il y a même beaucoup d'analogie, entre les motifs qu'on peut invoquer pour justifier la cession que nous proposerions au Sultan, et ceux que les puissances *amies* ont fait valoir cent fois auprès de notre gouvernement, pour l'engager à se défaire de notre royaume italien sans guerre. Sans doute, la Lombardo-Vénétie valait pour l'Autriche, à tous égards, trois fois plus que la Turquie d'Europe pour le Sultan. Elle a l'avantage de n'être pas séparée de l'Empire par une barrière naturelle de disjonction, et couvrait la monarchie, par son quadrilatère, bien mieux que la ligne des Balkans ne couvre Constantinople. Sa population professe la même religion que nous, et sa langue est celle de nos provinces adjacentes. Tout s'accordait donc comparativement, pour assigner à ces riches possessions de la maison d'Autriche un prix infiniment plus élevé qu'à la Turquie d'Europe, et par conséquent pour nous engager à bien les défendre. Eh bien, nous avons dû, il est vrai, céder la Lombardie à l'Italie, ensuite de nos revers de Magenta et de Solférino ; mais en revanche, nous lui avons fait présent de la Vénétie, en conséquence de deux victoires. Et il ne faut pas oublier, que c'est dans cette province que se trouvait notre inexpugnable quadrilatère !

De l'ensemble de ces faits résulte, selon nous, pour S. M. le Sultan la résolution suivante:

„*Puisque S. M. l'empereur d'Autriche, après avoir par deux signalées victoires sur terre et sur mer, pris pour Magenta et Solférino une revanche qui lui eût permis de déclarer nulle et non avenue la cession de la Lombardie, a daigné, par gain de paix, faire cadeau d'une seconde province à l'ennemi qu'il pouvait dépouiller, nous voulons suivre son noble exemple. Nous voulons donc, en considération de ce que deux batailles perdues opposées à deux batailles gagnées donnent zéro pour reste; et dans le but d'éviter toute effusion de sang ainsi superflue, céder à nos bons et fidèles sujets et vassaux, à perpétuité, nos provinces qu'ils occupent présentement, et désignées sous le nom de Turquie d'Europe.*"

Nous avons affirmé que les motifs qu'on peut faire valoir, pour solliciter du Sultan un abandon spontané de ses possessions européennes, sont identiques avec ceux que l'Angleterre et la France invoquèrent jadis, pour engager l'Autriche à céder la Lombardo-Vénétie au Piémont. En effet, on nous disait alors:

„*Considérez que vous épuisez vos revenus, et négligez le développement matériel et moral de vos provin-*

ces fidèles, pour comprimer une population qui vous abhorre, qui ne vous a jamais aimé et vous haïra toujours, quelque bienfaits que vous lui prodiguiez. Vous gaspillez annuellement pour gouverner ces provinces, non-seulement les millions qu'elles vous rapportent, mais encore quelques millions en sus. Ce nonobstant, vous les gouvernez mal, parce que les forteresses, les arsenaux, les casernes, les donjons dont vous les dotez, ne font aujourd'hui plus partie de l'art de gouverner, tout aussi peu que vos canons, vos bayonnettes et votre police secrète. Par conséquent, plutôt vous les abandonnerez et mieux vous vous en trouverez, vu qu'en cas de guerre étrangère, ces provinces ne manqueront jamais de se soulever, et de faire ainsi diversion en faveur des ennemis de l'Empire."

On conviendra que ces sages conseils, et bien d'autres encore, que la particularité du cas justifierait, peuvent s'adresser aujourd'hui à la Turquie, avec infiniment plus d'à-propos qu'on ne les adressa à l'Autriche, de 1849 à 1859, et encore plus tard. Nous sommes d'ailleurs persuadé que si, par respect pour l'impartialité, l'Angleterre et la France voulaient bien également se charger de les répéter aux ministres du Sultan, tout en les accentuant, par-ci par-là, de menaces *amicales*, ces conseils ne manqueraient pas leur effet sur Abdul-Aziz.

Bien qu'il soit relativement éclairé et assez progressiste pour un musulman, le Sultan partage notoirement la conviction de ses corréligionnaires européens. Il a comme eux, le pressentiment que le jour viendra, où tous les enfants du Prophète seront refoulés sur la rive asiatique du Bosphore, où depuis longtemps déjà ils déposent la dépouille mortelle de touts vrais croyants. S. M. qui éprouve des crises nerveuses à chaque petite contrariété, exige qu'à cet égard son astrologue lui communique sans réticences le jeu des constellations, et Elle en accepte les plus mauvais présages, avec un sang froid exemplaire, même pour un fataliste.

Les hommes d'état les plus perspicaces de la Sublime Porte, ne se font aucune illusion sur le caractère de la crise actuelle. Tous prévoient clairement, que si l'on ne parvient pas, à l'aide de réformes radicales, à remettre au pas la jambe droite du corps ottoman, qui veut courir avec l'Europe, tandisque la gauche rétrograde avec l'Asie, une amputation est imminente.

Or les réformes sont ce qu'il y a de plus impossible en Turquie.

Le catholique n'eut jamais le droit de prêcher la tolérance aux autres; et si même les procédés de la Turquie à l'égard de ses sujets non-musulmans, laissent encore beaucoup à désirer sur ce point, ce n'est pas à nous à lui faire la leçon: semblables intervertissements de rôles exigent un front d'airain. Si cependant nous employons ici les distinctions de Chrétiens et de Mahométans, il va donc sans dire, que nous n'y rattachons aucune idée d'antagonisme confessionnel.

Que Pie IX et Abdul-Aziz prétendent être, l'un Vicaire d'Allah et l'autre de Jésus-Christ, que l'infaillibilité et la seule religion qui mène au salut soit l'apanage du pape ou du sultan, c'est-là une question à débattre entre les Imans et les Jésuites: l'humanité n'y a rien à voir. Mais ce qui intéresse, et désole à la fois le philantrope, c'est qu'il existe encore, en général, des religions qui vengent sur les malheureux peuples la prétendue fausseté de la foi dans laquelle ils sont nés. Or il est généralement connu, que les Mahométans ne le cèdent en rien aux plus fanatiques ultramontains, quant aux crimes de lèse-humanité. Aimez les Juifs et les Chrétiens, disent les Imans à leurs vrais Croyants; aimez les Juifs et les Protestans, disent à leur tour les Jésuites; puis Imans et Jésuites ajoutent: „mais haïssez et persécutez leurs erreurs, jusqu'à la mort." Et la canaille mahométane d'Adrianople, et la canaille catholique de Barletta, qui ne savent pas trop comment s'y prendre pour tuer l'erreur sans l'hérétique, tuent à tout hasard, en vertu du proverbe: morte la bête, mort le venin!

Chez les Musulmans, comme chez nous, ce n'est donc pas la religion, vraie ou fausse, mais bien la manière criminelle de l'interprêter, d'exciter par des paroles astucieuses et sous un air béat le fanatisme des masses, qui détruit l'amour du prochain et la bonne harmonie entre citoyens d'un même état. Mais il faut le dire, à l'honneur des Imans mahométans; aucun de leurs méfaits contre les chrétiens n'égale en scélératesse le massacre de Barletta: où des prêtres catholiques poignardèrent des protestants inoffensifs — comme l'ont prouvé de récents débats judiciaires.

En général, l'antagonisme religieux, les récriminations et accusations réciproques, jouent dans les controverses diplomatiques relatives à la question d'Orient un rôle tragi-comique. Au lieu de laver leur linge sale en famille, les diplomates mahométans, grecs-orthodoxes et papistes, se disent par fois des aménités très-peu parlementaires. Les Orientaux conservent cependant dans ces occasions leur gravité naturelle, et également aussi le goût exquis, qui les a rendus maîtres dans le langage allégorique.

Lorsque, assez récemment, le représentant d'une grande puissance catholique fut chargé de soumettre à la Sublime Porte un long Promemoria, dans lequel le patriarche bulgare de Philippopel exposait les griefs de son troupeau, durant plusieurs siècles, et qu'il finit par dire: „que si les peuples d'Occident avaient une idée de semblables iniquités et persécutions, ils se soulèveraient pour une nouvelle croisade," son interlocuteur musulman lui répondit, avec une mansuétude tout orientale, à-peu-près ceci:

„Les Sultans, nos augustes et sacrés souverains temporels et spirituels — qu'Allah leur en tienne compte en Paradis! — les Sultans, restèrent toujours invariablement fidèles à la loi du Prophète, qui prescrit la miséricorde envers les Infidèles comme envers les Croyants, et furent personnellement tous pénétrés des plus profonds sentiments d'équité et d'humanité, notamment envers leurs sujets juifs et chrétiens. Lorsque des Imans fanatiques, indignes du nom ottoman, abusèrent de leur divin caractère, pour provoquer contr'eux des émeutes jusque sous les fenêtres du sérail, il arriva bien que les Sultans déchargèrent leur arquebuse sur les bourreaux, jamais sur les victimes. Dans ces tristes occasions, la conduite du Sultan-Pontife, fut conforme à celle du Sultan *„fils aîné de la Mosquée"*: Sa Hautesse ne rendit jamais d'actions de grâce à Allah, à-propos de massacres d'Infidèles.

Il y a quelques années que des pélerins mahométans, à leur retour de la Mecque, se livrèrent, le jour de votre St-Barthélémy, à des atrocités regrettables, vis-à-vis de la population juive et chrétienne de Dscheddah. Dès que le Sultan en eut connaissance, il ordonna que prompte justice fût faite, punit les criminels, indemnisa, autant que possible, les familles des victimes du fanatisme, et leur donna des garanties contre le retour de pareils actes. Ayant appris qu'à cette occasion, un enfant du sexe masculin avait été circoncis et arraché à ses parents catholiques, sous prétexte que le dogme du Coran ne permettait pas qu'en le leur rendant, il fût exposé à apostasier, Sa Hautesse le leur fit restituer sur-le-champ.

„Le droit naturel, incarné dans la paternité, dit à ce propos le Souverain-Pontife de l'Islam, a préexisté au Coran et à tous les dogmes connus; c'est le droit par excellence, droit absolu, que les animaux mêmes ne sauraient violer, sans devenir un objet d'horreur instinctive pour tous leurs pareils. Cet enfant n'est pas plus né catholique, que juif ou mahométan, mais il est né fils de son père, qui seul a le droit de déterminer dans quelle religion il doit être provisoirement élevé, en attendant que devenu homme, il dispose de sa foi. Car, entre nous soit dit, Scheikh-ul-Islam — c'est à lui que parlait Sa Hautesse — soit dit entre nous, tout chemin mène à Stamboul!

Quelques temps après cette aventure, il se présenta à la Sublime Porte une procession d'hommes noirs, qui vus de près, se trouvèrent être des Imans. Ils s'humiliaient jusqu'à terre, l'oeil contrit béatement fixé sur le ciel, et paraissaient près de crever de dévotion pour ce Saint-Siége prophétique. Introduits par le Scheikh-ul-Islam devant le trône de Sa Hautesse, ils lui parlèrent de la sorte:

„Successeur du Prophète, Vicaire d'Allah!"
„Tu as, sans doute, ouï parler des faits méritoires du serviteur d'Allah Nana-Sahib, depuis longtemps en odeur de sainteté parmi les vrais Croyants, dans tous les royaumes que les Infidèles ont usurpés dans les Indes. Après avoir saintement provoqué la rébellion des Sipoyes, pour la plus grande gloire d'Allah, en acceptant même le concours des Giaurs de l'Indostan — car le but sanctifie les moyens — ce saint personnage en profita pour faire des Actes de foi, qui n'ont peut-être été surpassés que par les Grands-Inquisiteurs d'Espagne. Tous les mécréants et hérétiques qui lui tombaient entre les mains — grâce à l'activité de ses sanfédistes — furent, sans coupable faiblesse, brûlés vifs, et leurs richesses confisquées au profit de notre sainte religion. Il

n'épargna que quelques misérables va-nu-pieds, à condition qu'ils lui révélassent les cachettes de trésors hérétiques.

Le nombre des mécréants de tout âge et de tout sexe, dont la cendre s'est ainsi confondue avec celle des bûchers s'élève à plus de quatre mille, et nos saints revenus ont été augmenté à proportion.

Depuis ces jours, qu'Allah veuille perpétuer! — le fer d'un mécréant a atteint ce serviteur fidèle, au milieu de nouveaux projets, destinés à glorifier ce Saint-Siége prophétique. La mort même devait cependant servir à la manifestation d'autres vertus. Depuis que le corps du bien heureux serviteur d'Allah repose dans la mosquée d'un village de l'Himalaya, il fait miracle sur miracle. Il multiplie le bois des Imans fait trouver des allumettes chimiques aux mouftis, dans des déserts où ils n'avaient pas de quoi allumer leur tschibouk, donne à l'eau et à la glace même des propriétés inflammables, ou multiplie l'or d'un vrai Croyant, à mille lieues de distance. Il est encore aujourd'hui tout feu, tout bûcher, et tellement pénétré de sainte avidité pour les trésors hérétiques, qu'il suffirait d'en faire l'objet d'un culte particulier, pour encourager la sainte audace des vrais Moslems à détruire les derniers hérétiques, et combler le vide du coffre-fort de ce Saint-Siége prophétique. Déjà les populations des montagnes vénèrent ce bienheureux serviteur d'Allah comme un saint, et lui apportent de riches offrandes... dans le tronc de nos pauvres mosquées.

Plaise donc à Votre Hautesse, en vertu de son autorité infaillible, de proclamer le dit bienheureux serviteur d'Allah, Nana-Sahib, saint et sanctifiant; et d'ordonner, qu'en raison de ses mérites, signes, prodiges, miracles et vertus félicitations, glorification, invocation et adoration lui soient rendues, par quiconque fait profession de reconnaitre en Votre Hautesse le Vicaire d'Allah."

A quoi le Sultan courroucé répondit, d'une voix qui révélait à la fois le mépris et l'indignation: „J'attribue les motifs qui vous ont poussé à nommer en face de ce Saint-Siége prophétique l'acte impie de lèse-humanité que vous me recommandez, au besoin d'imiter l'Occident, en ce qu'il a de plus exécrable. Comment, vous, les serviteurs d'Allah, de cet Etre tout bon, et si miséricordieux qu'il vous laisse vivre malgré vos turpitudes, vous osez vous élever en témoignage contre les Infidèles? Vous, dont toute la vie n'est consacrée qu'à la fraude, à la rapine et à des fourberies hypocrites, dans lesquelles vous identifiez vos souillures avec l'intérêt de la Religion, vous requerrez la mort du pécheur! Vous me suppliez d'élever au rang des Saints, à l'honneur des sanctuaires, dans les rangs de la sacrée cohorte des bienfaiteurs de l'humanité un monstre chargé de forfaits, un scélérat qui se fesait gloire de n'éprouver que la soif insatiable de l'homicide, là où les honnêtes gens, de toutes confessions, sentent l'action divine de la conscience? — Non, l'homme qui, n'importe sous quel prétexte, a répandu le sang de ses semblables, qui les a enterrés et brûlés tout vifs, n'aura jamais de communion avec Allah; et non-seulement, je refuse de le déclarer saint, mais je le voue à l'anathème des Croyants et des Rajahs, à perpétuité."

Voilà Excellence, reprit le diplomate de la Sublime Porte, comment les Sultans comprirent de touts temps la tolérance, leur mission et la protection qu'ils doivent aux Rajahs. Malheureusement, ajouta-t-il avec un sourire narquois, nous avons nous aussi nos ultramontains, qui ne demanderaient pas mieux, si nous les laissions faire, que de transformer la Turquie en Tyrol."

En Turquie le Coran est à la fois loi religieuse et loi civile, et le Sultan souverain temporel et spirituel. Les trois derniers sultans, y compris Abdul-Aziz, ont fait tout cequ'il leur était personnellement possible pour améliorer le sort des Rajahs. En dépit de cette bonne volonté, ils n'en sont aujourd'hui pas plus avancés pour tout cela.

Le Hatti-schérif de Gulhané, promulgué en 1839, n'a reçu jusqu'ici d'effet que touchant le système de perception des impôts. Au mépris de ses promesses positives, les Rajahs sont encore aujourd'hui très-gênés quant à l'acquisition d'immeubles, et sont d'ailleurs encore exclus des emplois publics, de l'armée, de la flotte et de la faculté de pouvoir servir de témoins contre un Musulman. En fait, les descendants des populations chrétiennes, qui occupaient la Turquie d'Europe actuelle avant l'invasion des Ottomans, sont encore traités comme des prisonniers de guerre. Après dix générations et plus, les Rajahs ne possèdent pas plus de droits et de liberté dans leur terre natale, qu'un Juif ou un protestant n'en posséderaient aujourd'hui dans le Tyrol, en supposant qu'il leur fût possible de s'y établir.

En 1840 l'Iltizam, ou système qui consistait à donner à bail la perception de la saliane ou annuité, fut radicalement réformé par Reschid Pacha, malgré l'opposition des ulémas. Jusqu'à cette époque, les redevances, capitations et prestations, dont se composaient les revenus du Trésor ottoman, étaient affermées à des banquiers arméniens, qui les percevaient à leurs frais. Grâce à la vénalité des pachas, les agents de ces fermiers-généraux trouvaient cependant toujours moyen de frustrer le pauvre peuple, de la moitié plus qu'il ne devait légalement. Aujourd'hui l'impôt se perçoit en Turquie par des employés du gouvernement; et si même les exactions n'y manquent pas, cependant cette réforme fut un bienfait. Malheureusement, cette amélioration est presque tout ce qui reste aux Rajahs, tant des promesses du Hatti-schérif de Gulhane que du Hattiumajoum. Ces chartes musulmanes, mises en scène avec tant de fracas et l'intervention indispensable de l'astrologue du sérail, sont d'ailleurs restées lettres mortes. Quand on en parle aujourd'hui aux Chrétiens, ils en lèvent les épaules, et les dignitaires du Sultan les désignent comme irrémissiblement vouées à la fatalité de l'oubli.

Le trait caractéristique du peuple ottoman, se manifeste beaucoup plus dans son amour pour la stabilité et la vie contemplative — conséquence de la sauvage énergie qu'il déploya jadis — que dans sa haine du progrès. Les Mahométans apprécient hautement la supériorité de notre civilisation occidentale, et ne s'opposeraient pas autant aux tentatives de la réaliser chez eux, s'ils ne craignaient pas d'en être momentanément arrachés à leur quiétude habituelle. Ils rappellent en cela nos paysans de la Croatie et de certaines parties de la Hongrie, qui s'opposèrent de vive force à la construction de voies ferrées, pour la raison, qu'ils seraient alors forcés de travailler beaucoup plus que de coutume. On cite généralement le Coran, pour ou contre la possibilité de réformer l'empire de Mahomet.

En réalité cependant, il en est de ce livre comme du catholicisme : l'un et l'autre sont parfaitement compatibles avec le progrès, et à cet égard beaucoup meilleurs que leur réputation. En Turquie comme en Autriche ce ne sont ni la Religion, ni les souverains, ni les peuples qui s'opposent aux réformes libérales. Ce qui menace la constitution chez nous, et rend encore toute tentative de gouvernement constitutionnel impossible en Turquie, c'est le parti ultramontain, qui, quand au masque et aux tendances, se retrouve à Constantinople comme à Vienne. A cet égard, le clergé mahométan semble avoir tellement bien copié nos originaux ; il sait si bien affecter l'intérêt de la religion, à tout propos ; si bien s'identifier avec le bon Dieu ; si bien faire rouler la prunelle dans son orbite, et prendre le ton larmoyant quand il parle de la corruption du siècle, qu'on dirait qu'il a étudié à l'Académie de nos vingt-cinq. On conçoit donc qu'en Turquie, comme chez nous, toutes ces protestations béates et ces larmes feintes ne sont qu'un masque hypocrite, pris pour donner le change aux vieilles femmes des deux sexes, qui possèdent de l'argent mignon, ou de l'influence à la cour ou au sérail, et surtout pour en imposer aux masses.

Le besoin de conserver ses richesses et de les augmenter toujours, fait que le clergé mahométan recherche la protection de tous ceux, qui en général possèdent ou tendent à posséder des biens malacquis. En Turquie comme ailleurs, en France par exemple, l'entourage du souverain se compose, pour la plus grande partie, d'hommes dont l'argent est le seul mobile, et chez lesquels la conviction suit toujours le filon argentifère, à travers toutes les inconséquences et les palinodies. Ces gens-là sont les alliés naturels, les amis et protecteurs forcés de la hiérarchie ottomane, et vice-versa. La bureaucratie et les représentants des grades supérieurs de l'armée et de la flotte, font au trésor de l'état, à propos de perceptions et fournitures de tout genre, une concurrence non moins acharnée et tout aussi peu légale, que celle que le clergé fait à la fortune privée, par sa chasse aux héritages. C'est là une complicité très-lucrative, qui s'étend jusqu'à la Sultane-Valide et au chef des eunuques, et qui, en raison de la vocation de ceux qui la constituent, a ses agents jusque dans les plus petites localités de l'Empire. Tout comme dans le Coran le dogme et le droit, la religion, la politique et la législation sont mêlés, fusionnés et confondus, de même est il presque impossible de fixer en Turquie les limites d'attributions entre le haut clergé et la haute magistrature. En général, l'une et l'autre tendent à outrepasser les bornes de leur compétence là où il y a beaucoup d'argent à espérer, et renvoient le pauvre peuple de Pilate à Barabas, quand la question n'aboutit pas à une gratification acceptable: à une bourse de cuir, pleine de ducats.

Comme toutes les castes en général, le clergé et la bureaucratie musulmane professent entr'eux une solidarité, une camaraderie, propres à dépister l'accusateur public même le plus habile. Tout le monde sait qu'ils s'accordent pour toutes espèces d'exactions; mais leur service de sûreté est tellement bien organisé, que les pièces de conviction sont très-difficiles à établir.

Il existe en Turquie une foule d'ex-pachas, par exemple, qui possèdent des fortunes d'un million, et jusqu'à trois millions de francs, qui, pour la plupart anciens esclaves sans le sou, ont réalisé telles fortunes en dix ans, au moyen d'un traitement annuel de cinq à dix mille francs!

Ces faits sont connus en Turquie de tout le monde, et ne contribuent pas peu à entretenir le mécontentement parmi les Chrétiens, qui en sont les principales victimes; mais les Musulmans qui oseraient s'en plaindre, seraient d'emblée accusés de vouloir renverser l'ordre établi.

Quel bonheur pour ce peuple, de croire à une prédestination absolue; mais aussi quel malheur pour les Chrétiens de devoir partager son joug, sans partager son fatalisme!

Il est étonnant, que plus j'évoque mes souvenirs d'un temps passé au centre de la bonne société turque, plus il me semble que ces souvenirs ne sont que le reflet de ce que je vois aujourd'hui en Autriche, au moins quant à la théocratie.

Le clergé ottoman compte comme le clergé autrichien, ses revenus par dixaines de millions de florins; et quelle que soit d'ailleurs la différence dans la manière d'administrer cette immense fortune, elle a une commune origine.

Au moyen-âge, et jusqu'à l'organisation et au perfectionnement général des institutions municipales, de bienfaisance, de prévoyance et de placement d'économies, l'Eglise était le seul lieu de sûreté, où le peuple pût déposer ce que nous déposons aujourd'hui pour nos enfants dans les caisses d'épargne, et dans les caisses communales pour les pauvres. Les mêmes causes ont produits les mêmes effets chez les Mahométans que chez nous. Les richesses de la Mosquée constituaient, il y a quelques siècles la fortune des pauvres, des veuves et des orphelins, auxquels la prévoyance d'un bienfaiteur ou la tendre sollicitude d'un père ou d'une mère croyait les assurer en mourant.

La plupart de ces biens se composaient d'immeubles, et de quelque vaisselle précieuse: les espèces étaient alors rares. Dans l'origine, tout porte à croire que les revenus de ces biens furent employés d'une manière conforme à la volonté des légataires; cependant, l'on sait, quant à l'Eglise, par des manuscrits que j'ai vus encore en 1839 à la bibliothèque de l'abbaye de St. Gall, qu'elle considéra bientôt ces précieux dépôts, comme autant de valeurs prêtées à fonds perdus.

La Mosquée doit en avoir agi de même; mais nous ne le savons pas pour sûr. Quoi qu'il en soit, le fait revient au même, puisque aujourd'hui, grâce à la prescription, Eglise et Mosquée se croient en pleine et entière propriété de ces dépôts.

En raison de la solidarité qui existe en Turquie entre la bureaucratie et la théocratie, si quelqu'un s'avisait de faire allusion à l'origine de cette propriété douteuse, il s'exposerait à être traité à l'unisson de blasphémateur, d'impie, d'ennemi d'Allah et de la religion. Les imans déclareraient la foi du Prophète en danger, le bien des pauvres menacé, et ameuteraient la populace contre l'hérétique qui oserait ainsi braver le courroux du ciel. Et, cependant qu'est-ce que le peuple, et les pauvres en particulier, ont à voir à la fortune de la théocratie? Moins que rien; car bien loin de faire l'aumône, la hiérarchie mahométane est le plus dangereux concurrent de ceux qui sont réduits à la demander.

Dans les calamités publiques, telles qu'incendies, disette, inondations, où il se fait en Turquie aussi des collectes pour subvenir aux premiers besoins des victimes, et les préserver du desespoir, les prêtres ne donnent jamais rien; où s'ils donnent, c'est toujours une somme propre à faire accroire qu'ils n'ont rien à donner.

Il me souvient qu'en pareils cas, tout le clergé mahométan de Constantinople donna à-peu-près le tiers de ce qu'un pauvre Juif avait, lui tout seul mis à la disposition du comité de Péra.

Tout comme la théocratie turque s'identifie avec Allah et identifie ses biens et privilèges avec la religion, la bureaucratie s'identifie avec le Sultan, et ses abus et ses exactions avec le trône.

Par tout la théocratie s'arroge le droit de surveiller et de desservir elle-même les *médressés*, entretenues aux frais de l'état ou des communes, dans le but d'y mesurer l'enseignement d'àprès la somme d'instruction que comportent les intérêts cléricaux. La lecture du Coran, que tout vrai Croyant doit savoir par cœur, un peu de calligraphie et quelques prières, marmottées pour supplier Allah de préserver l'absolutisme et la théocratie, c'est tout ce que les quatre vingt dix-neuf centièmes des Musulmans apprennent à l'école.

Les Ulémas et leurs imans veillent tout particulièrement, à ce que les sciences naturelles et l'histoire soient rigoureusement exclues des écoles turques. Et là où la chose n'est pas absolument possible, comme dans certains établissements supérieurs de Constantinople, ils ont soin de délayer ces quelques grains de science dans une telle masse de dogmes, qu'il est impossible d'en retirer la moindre connaissance positive.

A l'exception de quelques hommes distingués, qui ont fait leurs études à Berlin, Vienne ou Paris, telsque par exemple Reschid-Pacha, Fuad-Pacha et d'autres, tous les Musulmans, sans exception, sont des instruments aveugles de la théocratie, à laquelle ils vouent en toute occasion une obéissance absolue.

Si donc il entrait dans les vues des Ulémas et dans les intérêts de leur caste, de favoriser les réformes désirées par le Sultan et ses ministres actuels, ils n'auraient qu'à en faire donner le mot d'ordre par leur Scheikh-ul-Islam, et le peuple ottoman s'y résoudrait avec toute la passivité dont les fatalistes sont susceptibles. Il suffirait d'ailleurs à la théocratie, d'interpréter le Coran à la lettre, selon l'intention du Prophète, pour rendre la légitimité de telles réformes plausibles aux plus orthodoxes. Mais, les Ulémas se sont trop acharnés jusqu'à ce jour, à rendre ce livre si simple inintelligible au peuple, à l'aide de leur dogmatique astucieuse et intéressée, pour convenir jamais que l'interprétation la plus simple entrait seule dans l'esprit d'un homme illettré, comme l'était Mahomet.

On peut donc dire avec raison, qu'en introduisant furtivement dans le dogme, des garanties en faveur de ses richesses temporelles et de sa prépondérance politique, le clergé musulman est parvenu à créer artificiellement une religion, qui n'a pas plus de rapports avec le Coran, que le catholicisme n'en a avec le Nouveau-Testament, et qui, telle quelle, est incompatible avec tout progrès.

La question de possibilité d'introduire des réformes dans l'empire ottoman, et par conséquent toute la question d'Orient, se réduit donc, comme le dirait Mr. le comte de Bismark non à une question de droit, mais à une question de force.

Or la force dont parle le diplomate prussien, réside, en Turquie comme par tout, dans le peuple, dans l'armée et dans l'argent: c'est-à-dire dans les trois facteurs qui sont absolument et exclusivement à la disposition de la théocratie, et de sa complice et sœur jumelle, la bureaucratie.

Il ne peut donc se faire en Turquie aucune réforme contre la volonté de la haute magistrature et du haut clergé, parcequ'ils peuvent à tout instant ameuter contre le gouvernement tout ce qui, hors du divan, professe la foi du Prophète. C'est eux qui en 1839 provoquèrent la rebellion de Mehemet-Ali, contre le Sultan progressiste, et qui lui livrèrent toute la flotte ottomane; c'est eux également qui en 1853 hâtèrent par une emeute, l'explosion de la guerre contre le Russie. On sait même que, sans l'intervention de la flotte alliée, qui vint s'embosser devant le sérail, le Sultan était personnellement en danger.

Maintenant, ne serait-il pas possible, de persuader ces dépositaires du pouvoir, de faire quelques concessions au parti du progrès, et surtout à avoir égard aux Chrétiens, qui forment la majorité, si non la totalité de la population de la Turquie d'Europe? — Non, la chose n'est pas possible! La théocratie ne peut pas se départir d'un iota de son *non possumus,* parceque toute réforme la mettrait en contradiction avec les dogmes immuables, dont elle a amplifié le Coran, et dans lesquels elle se personnifie avec la religion, la politique et la société.

La bureaucratie ne peut pas se départir d'un iota de son *non possumus,* d'abord parcequ'elle est complice de ces inventions de dogmes, et parceque d'ailleurs, des intérêts matériels impliquent sa solidarité la plus absolue avec le clergé.

On se souviendra que, lorsque Reschid-Pacha parvint à réaliser, en 1840, la réforme du système de perception des impôts, ce ne fut pas la bureaucratie, mais la théocratie qui proclama la religion en danger. En revanche, lorsqu'on voulut introduire quelques réformes salutaires dans les écoles, ce fut la bureaucratie qui s'écria, que les libéraux voulaient arracher la religion du cœur de la jeunesse, fonder un état sans Allah; et en ôtant l'enseignement de l'arithmétique aux prêtres, séparer la médressé de la Mosquée: la fille de sa mère!

Rien ne prouve peut-être aussi bien la vérité de ce que nous affirmons, que l'acte que nous sommes habitués à considérer en Occident comme la Constitution de l'Empire ottoman : le Hatti-schérif de Gulhane.

Eh bien, sans vouloir suspecter le moins du monde ni la sincérité des plans de réformes d'Abdul-Medschid, ni la bonne foi de Reschid-Pacha, il sera cependant permis de douter, en face de sa teneur littérale, que cette charte fût destinée à être autre chose qu'une mystification. Et cette mystification, puisque mystification il y a, se laisse parfaitement expliquer.

Alors, comme depuis plus d'un demi siècle, comme depuis la proclamation de l'indépendance de la Grèce, les Chrétiens turcs réclamaient l'indépendance où du moins l'égalité devant la loi. La bureaucratie ottomane ne pouvait pas consentir à la première alternative, en raison de ses revenus; et la théocratie pouvait encore moins consentir à laisser participer à l'égalité des droits politiques une classe, qu'elle avait de touts temps représentée aux vrais Croyants comme un troupeau de chiens, indignes de respirer sur la terre le même air que les enfants du Prophète, et d'ailleurs exclus du Paradis. Cependant la Russie, s'appuyant de son bon droit de protection, devenait de plus en plus pressante. Il fallait donc bien faire quelque chose, quelque action d'éclat, dont la mise en scène avec les salves obligatoires fit effet, sans engager à rien.

Le 2 Novembre 1839, Reschid-Pacha convoqua tous les chefs des Rajahs et les ambassadeurs des puissances étrangères à assister à l'inauguration solennelle de la charte, au kiosque de Gulhane. Après que l'astrologue de la cour eut, la montre en main, donné le signal que la constellation était favorable, Reschid-Pacha lut, du haut d'une tribune, un acte souverain, dont la teneur, d'ailleurs extrémement ambigüe, peut se résumer comme suit: „Les réformes réalisées par le Sultan Mahmud sont garanties; elles sont justifiées par la nécessité de préserver désormais l'empire contre le retour d'humiliations, telles que celles qu'il a subies. Les causes de la faiblesse qui valurent à la Turquie tant de défaites passées, sont — continue la Charte — la transgression et l'abandon des anciennes lois, us et coutumes. Le salut de l'empire dépend de réformes, tout aussi bien que de la réintégration des dites anciennes lois et anciennes coutumes."

Voilà, en substance, ce que c'est que le Hatti-schérif si souvent cité. L'uléma chargé d'invoquer publiquement sur lui la bénédiction d'Allah, pouvait donc, comme on voit, le faire sans danger. D'un côté en effet cet acte approuve, implicitement du moins, l'abandon des anciennes lois par les réformes du Sultan Mahmud, et de l'autre il promet de les réintégrer.

C'est donc aussi ce qui est arrivé. Non-seulement le gouvernement turc ne fit rien depuis, pour appliquer les principes progressistes que la diplomatie occidentale prétendait découvrir dans ce chef-d'œuvre de style ambigu, mais il continua à faire ou à sanctionner des actes qui le rendent illusoire. De ce nombre est, sans contredit, la loi sur l'émigration, promulguée en 1857. Afin de répondre en apparence aux vœux des Rajahs, le Sultan fit un Edit destiné à favoriser aux émigrants de l'Occident l'entrée de ses états européens. Or comme une occasion de réaliser les prétendues concessions du Hatti-schérif de Gulhane se présentait là naturellement, les Chrétiens s'attendaient à voir l'égalité devant la loi devenir une vérité. — Mais point du tout! Le Sultan se borna à leur confirmer quelques réformes sans aucune valeur pratique, ce dont les feuilles de ses protecteurs le félicitèrent outre mesure; et au lieu d'un seul émigrant chrétien, les malheureux Rajahs virent bientôt arriver un demi million de fanatiques Mahométans, que la soif de vengeance fesait abandonner les montagnes du Caucase. Voilà matériellement tout ce que les Rajahs ont obtenu, en fait d'amélioration. — Ah! si l'on pouvait forcer ces doctrinaires du gouvernement anglais, à venir goûter de ce régime tant vanté!

En fait, les Turcs n'ont rien réformé, si non leur système de diplomatie, auquel ils ont ajouté dans ces derniers temps l'astuce et la duplicité nécessaires pour donner le change aux puissances occidentales, qui d'ailleurs ne demandent pas mieux que d'être trompées.

Les Turcs tiennent aujourd'hui, comme on l'a vu plus haut, un régistre exact de tous les actes d'intolérance des peuples et autorités de l'Occident, pour se mettre à même de payer nos diplomates de la même monnaie, en cas de récriminations.

Voilà des faits que nous tenions à constater, à la face des peuples et des parlements des états constitutionnels de l'Europe. En présence des événements qui se préparent, il s'agit pour eux de prendre parti; de savoir s'ils veulent continuer à voter des soldats et de l'argent, pour maintenir douze millions de frères dans la dépendance d'un état qui leur dénie tout droit naturel, et ne considère même leur existence que comme affaire de tolérance? Il faut que nous leur demandions, d'ailleurs, quel intérêt les peuples d'Occident peuvent avoir à garantir les emprunts ottomans; à perpétuer dans ce fertile empire de Turquie un état de chose qui maintient le commerce de trente sept millions d'ames, à un chiffre inférieur à celui de la seule ville de Hambourg?

Tous les peuples sont frères et leurs intérêts solidaires, ce qui revient à dire que, si même nous ne pouvons ou ne voulons rien faire pour l'affranchissement des Chrétiens turcs, nos intérêts et l'équité nous font un devoir de ne pas leur faire ce que nous ne voudrions pas qu'ils nous fissent, si nous étions dans leur malheureuse situation.

Les Rajahs sont aujourd'hui déterminés à saisir la première occasion favorable, pour reconquérir l'égalité devant la loi, et effacer une fois pour toutes le mot outrageant de *tolérance*, que le dogme mahométan identifie avec leur existence politique. La révolution de la Crète, et l'impotence manifeste dont les armées et la flotte ottomanes ont fait preuve à cette occasion, en face d'une poignée de braves et la témérité d'un corsaire, ne peuvent que les affermir dans leur résolution. Après quatre siècles d'opprobre et de déceptions, les Chrétiens ne peuvent pas attendre jusqu'à ce qu'après encore un ou deux siècles, un sultan libéral parvienne enfin à réformer le dogme de ses ulémas, et à assurer aux Rajahs le droit de jouir de l'air et de l'eau de leur terre natale, sans s'exposer à être molestés par des fanatiques musulmans. Ils ne peuvent sans ignominie souffrir plus longtemps de se voir, au nombre de douze millions, desarmés et asservis comme un vil troupeau, par deux millions de rénégats et un million et demi de mahométans asiatiques, tous armés jusqu'aux dents.

D'ailleurs, si même les Rajahs pouvaient attendre, si même l'indignation de se voir encore réduits à l'état de Parias, pendant qu'autour deux tout le monde tend à posséder, à travailler, à conserver, à se moraliser ne les poussait pas à vaincre ou mourir, la civilisation n'attendrait pas.

L'histoire est là en effet, pour nous prouver que l'air de la civilisation est funeste aux peuples primitifs; et que le voisinage d'un pays civilisé exerce sur la population des pays barbares ou à demi, une influence délétère, plus ou moins semblable à celle que la race anglosaxonne a exercée sur les Indiens. Forcer les populations chrétiennes de la Turquie d'Europe à perpétuer leur misérable existence sans droits, sans propriété, sans ressources de développement intellectuel, sans commerce et sans industrie, et absolument privées de routes viables, pour se tenir en rapports réguliers avec leurs frères civilisés, c'est donc vouer sciemment une antique et glorieuse nation au néant.

L'Europe y gagnera certes beaucoup à pouvoir se dire, qu'elle a tout fait pour démolir cet antique rampart du christianisme, et placer sa civilisation sous la sauvegarde des hordes caucasiennes, qui font déjà sentinelle en turban des Portes-de-Fer jusqu'à Tschernawoda? Avec quelle nonchalante suffisance, nos diplomates feront alors jouer la tabatière au chiffre du Padischah, entre leurs doigts visqueux!

Les Rajahs savent, par une expérience séculaire, qu'ils n'ont rien à espérer de la Porte, parceque l'autorité du Sultan et de ses ministres est impuissante vis-à-vis du clergé et de ses dogmes immuables. Ils n'ignorent pas davantage, ce que veut la diplomatie, et que, bien loin de leur être favorables les cabinets de Londres, Vienne et Paris travaillent à intimider leurs compatriotes serbes, grecs et moldo-valaques, dont ils peuvent attendre éventuellement du secours.

En revanche, les Chrétiens turcs savent aussi, qu'il existe en Occident une opinion publique éclairée et puissante, qui s'intéresse de jour en jour davantage au sort de tous les opprimés, et qui au moment décisif, à l'heure suprême où le Musulman brandira son cimeterre, priera pour eux et plaidera énergiquement en faveur du principe de non-intervention.

Que les Rajahs en appellent désormais des Cabinets malintentionnés à l'opinion publique sympathique à toutes les grandes infortunes, et ils verront bientôt qu'elle mérite son nom de grande puissance!

Les organes des puissances protectrices de la Turquie nous objecteront, comme toujours: qu'accepter l'indépendance de ses provinces européennes, ce serait livrer Constantinople à la Russie; mais ce n'est pas là l'affaire des Chrétiens; c'est le cas échéant aux grandes puissances à aviser. — Qu'elles transforment, si elles le trouvent à-propos, la question orientale en question russe!

Il est d'ailleurs constant, qu'entre les plans qu'on se plait à prêter à la Russie quant à l'Orient et ceux que les puissances *protectrices* ont préconçu à tout évènement, il n'y a que la différence d'aujourd'hui à demain. On sait chez nous tout aussi bien qu'en Russie, que l'autorité de la Porte ne saurait plus être résuscitée sur le sol européen; deplus, il nous a suffit de voir récemment de nos yeux le Sultan Abdul-Aziz, pour nous convaincre, que ce n'est pas un homme à réformer quoi que ce soit. Si donc il y a parti pris du côté des Russes et hésitation de la part de leurs concurrents, ce n'est là qu'affaire d'ambition et de jalousies dynastique; car, au fond, tous veulent un morceau de la Turquie. Mais les peuples de ces grandes puissances n'ont, nous le répétons, pas le moindre intérêt à voir leurs pays respectifs s'agrandir de lambeaux de la barbarie mahométane. Les Anglais ne sauraient développer toutes les ressources matérielles de l'Egypte et de la Syrie, sans faire une concurrence dangereuse aux produits des Indes, et aux capitaux qu'ils y ont engagés. Les Français qui, comme tous les peuples de race latine, sont absolument impotents en matière de colonisation, ne pourraient que vouer leur lot éventuel au sort qu'ils ont fait à l'Algérie, en rendant au désert ce qui a jadis appartenu au désert.

L'Autriche a déjà trop à faire à son duo, pour pouvoir jamais penser à s'accorder la récréation tapageuse d'un trio politique, dans lequel les Rajahs feraient le fausset.

La Russie, enfin, a encore beaucoup trop de besogne sur les bras jusqu'à entière civilisation de ses peuples, pour penser sérieusement à en annexer de nouveaux. Le cas échéant, elle pourrait même par là réaliser le proverbe: „qui trop embrasse mal étreint;" car il ne faut pas oublier que, si le Czar fesait un pas de plus vers le Danube, il créerait dans la Pologne une digue de disjonction entre la Russie et ses nouvelles conquêtes.

Nous avons constaté que les Rajahs ne veulent pas d'annexion à la Russie. Tout le monde sait en outre que les Polonais ne se réconcilieront jamais avec les Russes, et qu'ils se soulèveront contre leur joug à chaque occasion. Jusqu'à présent, le Czar est toujours parvenu à étouffer les révolutions en Pologne, parcequ'il pouvait disposer à cet effet de toutes ses troupes, échelonnées du pôle Nord au Dnjester; mais en serait il de même, lorsqu'après s'être avancé jusqu'à l'Adriatique, il aurait la Pologne sur ses derrières, et devant lui un nouveau peuple qui ne pourrait être contenu que par la force?

D'ailleurs, au point de vue de l'économie politique à laquelle la Russie doit particulièrement avoir égard, l'acquisition de la Turquie d'Europe serait une entreprise ruineuse. Si une fois l'Occident pouvait, en raison de l'inépuisable fertilité dont la presqu'île des Balkans est susceptible, s'approvisionner de céréales à Salonique, au lieu de les aller chercher en Crimée et à Odessa, toute la Russie méridionale serait condamnée à redevenir steppes.

Des motifs politiques, de nature tout aussi élémentaire, commandent aux Russes de ne pas augmenter outre mesure le nombre de leurs provinces à population mahométane, de peur de créer au reste de l'Empire un antagonisme dangereux, dont le Caucase pourrait devenir le centre.

Nous ne croyons donc pas que les Russes, et notamment que le parti progressiste qui travaille aujourd'hui la Russie ait aussi grand intérêt que nous le pensons, à acquérir une partie de la Turquie. Sans doute, depuis que Constantinople est tombée entre les mains des mécréants le peuple russe n'a jamais cessé de faire des vœux bien légitimes, pour que le berceau de sa religion, la Rome orientale, le Czaragrad redevint la résidence de son Souverain-Pontife. C'est là, outre un souvenir sacré, une tendance née de la rivalité de l'Eglise d'Orient avec l'Eglise catholique. Mais en Russie, comme par tout ailleurs, les hommes d'état sont forcés aujourd'hui, de faire entrer dans leurs combinaisons politiques de tout autres facteurs que les souvenirs et les rivalités religieuses. Il est donc évident qu'aucun gouvernement russe ne pourrait se résoudre, à déplacer le point de gravitation politique de l'empire des rives de la Newa à celles du Bosphore, car s'il l'osait, ce ne serait qu'au prix de la Finlande, des provinces de la Baltique et de la Pologne peut-être.

Nous savons bien que dans ces derniers temps, les journaux officieux du gouvernement russe prédisent que si l'Europe parvient à modérer l'ardeur belliqueuse de la Russie, l'exécution de ses plans n'en sera pour cela que différée, jusqu'à l'achèvement de ses réseaux de chemins de fer. Mais ces menaces ridicules sont provoquées par la tendance manifeste des autres puissances à maintenir absolument le *statu quo* en Turquie; d'ailleurs elles émanent de l'ancien parti moscovite, qui ne survivra pas à l'ouverture de ces voies de communications. Si donc les puissances occidentales respectaient, et fesaient respecter vis-à-vis des Rajahs le principe de non-intervention, elles oteraient à ce parti son principal argument d'agitation en faveur de la guerre sainte, et fourniraient au parti progressiste l'occasion de gagner l'influence, qui lui manque encore pour engager irrévocablement la Russie dans les voies constitutionnelles.

Il suffirait alors que Rajahs et Musulmans profitassent de la liberté d'action que cette politique leur laisserait, en attendant l'achèvement des chemins de fer russes, pour s'organiser de manière à défendre leur indépendance eux-mêmes, ou à servir d'auxiliaires à l'Occident si jamais les Russes osaient l'attaquer. Le partage de la Turquie en deux états indépendants, l'un chrétien l'autre mahométan, n'affaiblirait en aucune façon l'armée du Sultan, vu qu'elle ne se recrute pas parmi les Chrétiens; elle en recevrait au contraire un renfort considérable, par les bataillons qui deviendraient disponibles après l'évacuation de la Turquie d'Europe.

Laissons donc aux Rajahs et aux Musulmans le soin de régler seuls leurs affaires. N'intervenons en faveur de personne, et faisons respecter le principe de non-intervention de tous. Mais surtout, gardons nous bien d'octroyer l'indépendance à qui que ce soit, parceque les peuples qui ont reconquis leur liberté au prix de leur sang, sans secours étrangers, sont les seuls qui sachent dans la suite l'apprécier et la défendre.

III.
LA PAPAUTÉ ET LE PROGRÈS.

Vous les connaîtrez à leurs fruits.
Matth. VII, 16.

Quand les dieux ont résolu la perte de quelqu'un, ils commencent, dit-on, par le frapper d'aveuglement.

Ce proverbe, trivial à force d'être vrai, ne fut peut-être encore jamais appliqué avec autant d'à-propos, que depuis qu'il sert à définir l'état actuel de la papauté, et les monstrueuses extravagances de ses complices ultramontains.

Les peuples civilisés, de toutes confessions, reconnaissent aujourd'hui les bienfaits de la science, et l'action civilisatrice des institutions libérales. A l'exception des ultramontains, tout le monde en accepte les conséquences avec une gratitude religieuse. Dans notre vieille Autriche, durant tant de siècles siége du despotisme patriarchal et de l'intolérance romaine, les catholiques les plus éminents, tels que feu l'abbé Eder de Mölk et l'épiscopat hongrois tout entier, se sont ralliés aux idées de réformes politiques et sociales. L'épiscopat magyar a fait même plus: il a dès qu'il fut réintégré dans ses droits renié notre Concordat, et pris l'initiative des réformes scolaires improuvées par nos cléricaux autrichiens.

Le clergé hongrois a compris que la dignité de son roi, et l'honneur de la vénérable couronne de St-Etienne ne comportaient pas, que les deux tiers de l'autorité souveraine fussent à la merci d'un prince étranger, qui fut même une fois notre ennemi. Il a compris que l'égalité devant la loi, qui forme la base des institutions judiciaires de tous les pays vraiment civilisés, ne pouvait plus être rendue illusoire par la loi matrimoniale du cardinal Rauscher. Mais nous avons vu encore bien plus que tout cela. Notre auguste souverain, le descendant d'une des plus illustres races catholiques qui durant plus de six siècles a perpétué en Autriche la tradition du gouvernement personnel, vient de rompre spontanément avec l'arbitraire. La constitution que S. M. l'Empereur vient d'accorder à ses peuples cis-leithaniens, n'est surpassée en dispositions libérales par aucune autre charte. François-Joseph a d'ailleurs manifesté clairement son intention, de ne plus laisser maltraiter ses sujets par l'arbitraire théocratique des vingt-cinq.

En voyant tant de nobles exemples venir de si haut, nous étions porté à croire que nos ultramontains et la prélature romaine, qui naguère encore fesaient rage pour nous engager à être soumis aux puissances Belcrédi et consorts, donneraient l'exemple de l'obéissance aux puissances supérieures, établies de Dieu, dans la personne de Mr. le Dr. Giskra et de ses amis. Mais combien nous étions loin de compte! Depuis que l'autorité supérieure établie de Dieu, parle de réintégrer l'Empereur et son peuple dans leurs droits en abrogeant le Concordat, et d'arracher nos écoles aux Ignorantins, la chaire de Vérité est chaque jour profanée par les déclamations les plus subversives, pour toute espèce d'autorité divine et humaine. Les moyens les plus honteux et les plus repréhensibles sont employés pour fanatiser les masses, et les pousser a commettre des excès. Une feuille cléricale de Salzbourg, pour laquelle tous les libéraux sont des francs-maçons, et tout naturellement aussi nos ministres, racontait il y a quelque temps, que personne ne peut être admis dans l'ordre maçonnique avant d'avoir publiquement craché sur une hostie consacrée. Aussi est-il chez nous de notoriété publique, que la prélature romaine et ses agents provocateurs ultramontains, ne reculent devant aucun moyen capable d'exciter des troubles. Ils prévoient naturellement que si notre prolétariat donnait dans leurs piéges, la restauration de l'absolutisme en serait la première conséquence. On sait tout aussi bien, que quelques prélats hauts placés, les mêmes qui firent jadis éclore un concordat de l'attentat d'un régicide, et qui naguère exercèrent une influence si fâcheuse sur la résolution ambitieuse de notre archiduc Maximilien, ont très-récemment exploité une douleur trop légitime pour représenter le meurtre de Queretaro comme conséquence naturelle de la monarchie constitutionnelle.

Le régime absolutiste est en général le seul que la papauté et les ultramontains acceptent *eo ipso,* parceque c'est l'unique forme de gouvernement dont ils puissent désormais espérer des privilèges exclusifs, à l'instar de notre concordat. En revanche, ils ne font que tolérer le régime parlementaire comme un pis-aller, sans jamais s'y rallier sincèrement; ils en acceptent les bienfaits, se poseraient même volontiers en défenseurs de la liberté de la presse, à condition d'en jouir seuls. Ce nonobstant ce régime est pour eux inséparable de l'idée de lui donner un croc-en-jambe. Tout le monde a encore présent à l'esprit l'arrogant manifeste, que vingt-cinq de nos prélats ont récemment lancé à la face du pays, pour réclamer le maintien du Concordat et de l'omnipotence papale. Eh bien, ces prétendus martyrs du libéralisme ne se sont pas bornés à revendiquer pour le pape, et pour eux aussi naturellement, le pouvoir de nous lier et de nous délier, mais ils ont superbement ignoré les formes constitutionnelles, qui voulaient que cet ultimatum papalin fut remis au ministère, et non au souverain.

En Autriche, moins peut-être que par tout ailleurs, nul ne pense à priver l'Eglise catholique de la liberté d'action qui doit lui appartenir, à l'égal des autres confessions. Personne chez nous ne veut renfermer le prêtre dans la sacristie, en le privant de ses droits civils ou politiques. Nous ne sommes pas même jaloux des sièges exceptionnels héréditaires que la constitution accorde à certains prélats, dans la représentation nationale. Aussi n'avons nous rien à dire contre la garantie constitutionnelle accordée à l'Eglise catholique, par rapport à ses biens. En revanche, nous avons la prétention de voir les droits du peuple autrichien sauvegardés, avec une sollicitude égale à ceux de l'Eglise, et cela sans acception de nationalités ou de confessions religieuses. Par conséquent, nous ne voulons pas de Concordat, attendu que chaque mot de cet acte est un empiétement sur les droits imprescriptibles de notre

Empereur, de nos concitoyens, ou des diverses confessions religieuses, dont les membres paient l'impôt de sang et d'argent d'après la même proportion que les catholiques.

Donc, là où il y a égalité de devoirs, il doit y avoir aussi égalité de droits!

La maxime politique de Fréderic-le-Grand: *"croyez ce que vous voudrez, mais payez ce que vous devez,"* doit être désormais aussi celle de tout gouvernement autrichien qui voudra compter sur l'appui efficace du pays. On peut d'ailleurs citer plus d'un cas, où l'état fut tiré d'embarras par des banquiers juifs; mais il n'en est aucun où notre épiscopat ultramontain ait fait une offrande notable sur l'autel de la patrie: pas même lorsque ses créatures étaient au pouvoir.

Si la papauté et ses commis-voyageurs ultramontains, n'aspiraient en général qu'à la liberté nécessaire à la mission spirituelle de l'Eglise catholique, ils en eussent eu chez nous à foison, même sans Concordat. Mais en Autriche comme en Angleterre, en France, en Belgique, en Suisse et partout où nul homme dans la plénitude de ses facultés mentales ne pense à gêner l'exercice de la religion, leurs exigences croissent avec l'indépendance. En Pologne, la papauté serait trop heureuse de transiger avec le Czar; mais là où elle possède déjà tout ce qu'elle peut équitablement souhaiter, ou plus qu'elle ne peut légalement exiger, elle conspire pour imposer son omnipotence temporelle et spirituelle aux gouvernements.

Ce que la papauté veut aujourd'hui comme aux jours d'Innocent III, c'est non-seulement ce qu'elle a, mais encore ce qu'elle n'a pas: ce qui de plein droit appartient, ne peut appartenir et n'appartiendra désormais qu'au peuple. Les papalins et les ultramontains proclament tout haut: „qu'ils ne veulent se donner ni trêve, ni repos, jusqu'à ce qu'ils aient restauré l'autorité du St-Siège dans sa splendeur passée. A leur avis, la position du Vicaire de Jésus-Christ et de ses délégués n'est plus tenable, et ne le sera que lorsque le rocher de St-Pierre aura broyé le progrès, que les couronnes seront les satellites de la tiare, et que le pouvoir de lier et de délier ira jusqu'à renouveler la pénitence de Canossa.

Ces pauvres délégués du Vicaire de Jésus-Christ, ces humbles serviteurs du très-humble serviteur du divin maître qui n'avait pas où reposer sa tête, comme ils sont malheureux chez nous en effet! Etre dans un pays de turf et de beauté facile, et se voir astreint à des voeux de pauvreté et de chasteté, qui forcent à vivre d'un million de rentes, à se contenter d'un palais en ville, d'un château de plaisance et d'un pauvre petit parc aux cerfs ou aux biches. Vraiment, cela passe la simplicité d'un pêcheur de Gallilée! Quand on pense en outre aux fatigues de la chasse, aux exigences des *raouts* et aux mille petites intrigues *ad majorem Dei gloriam,* il faut convenir qu'il est dans ce bas monde des positions bien ingrates, et des dévouements dignes d'un meilleur sort!

C'est apparemment aussi dans le but d'améliorer le sort, de donner plus de charme à l'existence de ces pauvres Archevêques autrichiens, que nos ultramontains font aujourd'hui feu et flammes, contre la presse libérale et ses indiscrétions galantes.

Bien que nous ayons pour but, d'envisager l'opposition que la papauté fait au progrès à un point de vue général, nous nous en sommes tenu jusqu'ici à l'Autriche, pour être plus certain de ne rien affirmer qui ne fût littéralement vrai. Après avoir énuméré ici des faits propres à prouver à l'étranger que l'ultramontanisme travaille partout d'après un plan unique, qu'il nous soit permis maintenant, de remonter à leurs causes, à l'origine des prétendus droits dont la papauté et ses agents appuient leur intrusion.

Il y a plus de dix-huit siècles que les chrétiens fondèrent les premières communautés religieuses, qui de la Palestine se propagèrent avec une rapidité prodigieuse dans toute l'Asie-Mineure, en Grèce et en Italie, où Rome devint bientôt le siége d'un évêque influent.

La tradition catholique raconte, que le premier évêque de Rome fut l'apôtre St-Pierre, et que ce premier pape fut comme le premier anneau d'une chaîne papale, destinée à continuer sans interruption jusqu'à la fin des siècles. Donc, à partir de celui auquel Notre Seigneur a dit, qu'il était le rocher sur lequel il fonderait son Eglise, le porte-clef du Ciel, son délégué pour lier et délier, il y aurait eu, selon la tradition de la papauté, succession régulière et continue sur le siége de St-Pièrre. Par conséqueut, le pape actuel serait encore le Vicaire de Jésus-Christ, au même titre et avec les mêmes attributions que l'Apôtre, auquel tout pouvoir était donné ici bas. Or si le pape tient son autorité du prince des Apôtres, ainsi raisonnent nos ultramontains, son autorité est infaillible, immuable et implique de la part des catholiques l'obéissance la plus absolue, au temporel comme au spirituel.

A ce titre, les empereurs et les rois sont soumis à l'autorité du pape, au même degré que tout le monde; et s'il arrive que quelqu'un s'y soustraye de fait, de droit il n'en est pas moins vassal du St-Siége.

On voit clairement que s'il en était ainsi, les ultramontains auraient théoriquement raison, en revendiquant la restitution intégrale de l'autorité papale, en répudiant tout progrès politique, et en liant les souverains au char de triomphe de la papauté. Fort heureusement pour l'humanité tout entière, les pièces à l'appui de ces colossales prétentions ne valent cependant rien, ou moins que rien!

La tradition de l'Eglise, serait déjà fort suspecte, par le fait qu'il s'agit là de ses intérêts exclusifs, si même l'histoire ne nous fournissait en outre d'autres puissants motifs de n'y ajouter aucune foi. Nous savons en effet, que cette tradition a également cherché à accréditer une prétendue cession, faite au pape Sylvestre par l'empereur Constantin, ainsi que des décrétales d'un Pseudo-Isidore, qui les unes et les autres émanaient de papes infaillibles; mais nous savons aussi que ce n'étaient-là que d'ignobles impostures.

Qu'on juge après cela ceque valent toutes les autres inventions de cette tradition papale, conçues absolument dans le même but!

Ce nonobstant, nous n'avons pas même besoin de cette preuve indirecte, car nous en avons, Dieu merci, de plus convainquantes encore: le Nouveau-Testament et l'histoire ecclésiastique.

Le Nouveau-Testament ne dit pas un mot ni du pape ni de la papauté; et quand les apôtres y parlent des évêques ou aux évêques, ils les traitent individuellement, comme autant de dépositaires personnels de l'autorité conférée à St-Pierre. Une seule fois, ce livre saint nous apprend que ce prince des Apôtres avait le projet de voir Rome, mais nulle part il n'est question qu'il y soit réellement allé.

En parfaite concordance avec le Nouveau-Testament, l'histoire profane nous apprend que dans les premiers siècles, l'Eglise chrétienne fut gouvernée exclusivement par des évêques, à Rome comme ailleurs; et que, bien qu'en correspondance et fréquemment réunis pour s'occuper du dogme ces évêques étaient absolument indépendants les uns des autres: comme l'avaient d'ailleurs toujours été les disciples du divin Maître. Nous savons en outre que le siége de ces évêques pouvait être transféré ou aboli; que pendant près de deux siècles le siége de Rome fut vacant, et que lorsque plus tard, vers le quatrième siècle, les évêques romains commencèrent l'oeuvre d'usurpation qui devait leur assurer la suprématie sur leurs confrères, ils étaient mus par des considérations absolument étrangères, et même diamétralement opposées à la Religion.

Dans cette Rome des Césars, où tout rappelait un immense naufrage ou invitait à en recueillir les débris, le désintéressement d'un évêque de la primitive Eglise même se trouvait exposé à de rudes, disons à de saintes tentations.

Les besoins religieux sont naturels et, par ce fait de tous les temps. Les Romains de la décadence devaient être d'autant plus avides de nourriture intellectuelle, qu'ils étaient plus blasés sur toutes espèces de jouissances matérielles. Cependant le christianisme primitif, qui ne consistait qu'à croire en Dieu et en Jesus-Christ, et à les adorer en esprit et en vérité, était trop abstrait pour un peuple accoutumé à voir chaque attribut divin représenté par un dieu ou une déesse distincts. Pour réussir à enter le christianisme directement sur la tige encore vivace du paganisme romain, il fallait donc en mettre la sève en harmonie avec celle du tronc. Les Chrétiens arrivaient à Rome avec une religion toute spirituelle, au milieu d'un peuple matérialiste, qui n'avait conservé du culte payen que les formes extérieures; et des vertus de ses grands ancêtres, seulement la prétention d'être la nation par excellence. Si donc les évêques de Rome avaient prétendu conquérir ce peuple au christianisme, à l'aide d'un culte évidemment encore plus simple que celui de nos calvinistes, il est évident qu'ils n'y seraient jamais parvenus; car la moisson était grande, et ils étaient peu d'ouvriers. C'est donc un grand mérite pour eux, que d'avoir su aller au devant des Romains, en adoptant leurs cérémonies, pour les engager à accepter l'Evangile. Mais, cette amplification de la doctrine primitive, même dans un bon but, portait en elle-même un levain de querelles et de scissions. Il s'en suivit des hérésies fréquentes, qui faussèrent la nature du christianisme, et enfin le schisme des Chrétiens orientaux.

Au nombre des objets, symboles et cérémonies empruntées aux Romains, il faut compter les brillants vêtements sacerdotaux, en usage chez les prêtres juifs et payens, ainsi que la tonsure. Le droit d'intercéder pour les criminels, que les Romains avaient toujours attribué à leurs prêtres et surtout aux Vestales, et auquel se rattachait le droit d'asile de leurs temples, passa aussi, presque sans modification, au clergé et aux églises chrétiennes. Il en fut de même des immunités, de la juridiction et de l'administration des biens, qui avaient formé un privilège des corporations payennes, et que Constantin et ses successeurs augmentèrent au profit du clergé chrétien. Mais nulle part l'influence du paganisme ne se manifesta d'une façon aussi sensible, que dans le culte des saints et des martyrs. Les dieux et les héros du paganisme se transformèrent en saints de l'Eglise romaine, leurs mythes et leurs légendes en martyrologues chrétiens. C'est ainsi que les payens élevèrent Constantin-le-Grand au rang de leurs dieux, en même temps que les chrétiens l'élevaient au rang de leurs saints.

Le culte de la Vierge, qu'on vénérait déjà au quatrième siècle comme mère de Dieu, rappelle à plus d'un égard le culte et les invocations que l'antiquité rendait à la mère des divinités payennes. Ce culte des divinités féminines, que les peuples de l'ancienne Rome révéraient tantôt comme principe de fécondité, tantôt sous l'idéal de la chasteté virginale, était trop profondément enraciné dans leurs mœurs pour que le christianisme eût pu le détruire. Le paganisme officiel gréco-romain exerça en outre une influence conséquente sur le développement de la totalité du culte chrétien. L'existence d'une hiérarchie exigeait que ce culte se rattachât à un temple et à un autel visibles, et qu'il eut un sacrifice ostensible pour attribut. Il ne suffisait d'ailleurs pas à cette corporation de prêtres et de lévites, d'avoir introduit dans l'Eglise les pompes du cérémoniel payen, ses observances propitiatoires, ses cierges et ses lampes, ni d'avoir imprimé à la Messe le caractère de ses mystères, ils en adoptèrent encore les arts: la musique, la peinture et l'architecture.

La plupart des fêtes chrétiennes furent également empruntées au paganisme, tout comme la fête des saturnales, que le peuple romain célébrait en commémoration de l'âge d'or, qui fut au quatrième siècle transformée dans notre fête de Noël.

Il ne peut pas entrer dans notre plan de poursuivre ces rapprochements jusque dans leurs moindres détails; mais ce que nous en avons dit suffira pour prouver, que les évêques romains des premiers siècles ne furent pas aussi absolument partisans du *non possumus,* que voudraient nous le faire accroire les ultramontains.

Au moins est-on forcé de convenir, que ces primitifs apôtres du catholicisme comprenaient leur temps, et les possibilités de la situation beaucoup mieux que tous leurs successeurs des temps modernes. Si en effet, au lieu de sacrifier libéralement la forme au fond, l'accessoire à l'essentiel, ils s'étaient obstinés à évangéliser le peuple romain comme des puritains de Cromwell, il est certain qu'ils n'eussent jamais régénéré la société payenne. Sans doute, en fusionnant ainsi complètement l'essence du christianisme et les formes du paganisme, les évêques romains le dépouillèrent en quelque sorte de ses tendances universalistes, pour le confiner aux provinces de l'empire dans lesquelles le paganisme romain prédominait. Aussi voyons-nous les peuples d'origine germanique, dont la religion primitive se rapprochait beaucoup plus du monothéisme que le paganisme romain, opposer une résistance terrible à la propagation du christianisme ainsi paganisé. Cette forme du christianisme n'était pas adaptée à leur nature inquisitoriale et beaucoup plus portée à la méditation religieuse qu'à l'exercice d'un culte complet. Il est probable même que cette différence de besoins religieux, n'ait pas été étrangère aux résultats politiques de la Réformation.

Il est donc possible, que si les missionnaires qui apportèrent le catholicisme en Germanie, à la suite des armées de Charlemagne, avaient su respecter les formes extérieures du culte de nos ancêtres, comme les évêques de Rome avaient jadis respecté les cérémonies des provinces payennes, bien des secousses eussent été par-là prévenues. Mais à cette époque déjà, le catholicisme s'était cristalisé dans les formes où nous le voyons aujourd'hui; d'ailleurs, les évêques de Rome, devenus papes et souverains par la grâce de Pepin, avaient bien autre chose à faire que de s'occuper de religion.

Jusqu'à ce que l'usurpation de la suprématie fût consommée, les évêques romains avaient plutôt végété que vécu, rampé plutôt que marché devant l'autorité temporelle. Mais le jour où, grâce au concours maladroit de cette autorité, ils eurent réduits leürs égaux à leur servir de marchepié, ils se mirent à l'œuvre pour s'assujettir les empereurs et les rois, comme ils venaient de s'asservir les patriarches et les évêques.

Pour la première fois, l'on vit alors appliquer en grand le principe de morale ultramontain: „le but sanctifie les moyens," dans les actes de faux connus sous les noms de: „Cession de Constantin," et „Décrétales du Pseudo-Isidore."

La cession de l'Exarchat, dont Pepin s'était réservé la souveraineté et n'avait cédé au pape que l'usufruit, sous le titre de *dominium utile*, avait fait du Vicaire de Jésus-Christ un vassal des rois francs, et plus tard des empereurs d'Allemagne. Cette dépendance ne s'accordait ni avec le titre pompeux que les papes s'arrogeaient ni avec leurs projets ambitieux. La rapide propagation du catholicisme et de leur suprématie jusqu'aux confins de l'empire romain, avait fait naître chez les ci-devant évêques de Rome l'ambition de tenter une expérience analogue quant au pouvoir temporel. La première tentative qu'en fit Léon III, par le couronnement de Charlemagne, avait assez bien réussi pour encourager ses successeurs à persévérer dans cette voie pernicieuse. L'acte de faux au moyen duquel les papes tentèrent de réagir contre la fatale sujétion dont l'origine de leur pouvoir temporel était entachée, et qui supposait une cession de Rome et de l'Italie faite à l'évêque Sylvestre par Constantin, leur rendit à cet égard de bons services jusqu'au 15 siècle, où Valla démasqua l'imposture.

Il ne suffisait cependant pas d'avoir démontré que le pape n'était pas vassal des empereurs, mais il importait pour la réalisation de ses plans, de prouver en outre que les empereurs et les rois étaient vassaux du pape; et c'est dans ce but que la papauté eut recours à la falsification de la collection de décrétales d'Isidore.

Nicolas I, le premier pape romain qui ait été formellement couronné, tira parti de cette sainte imposture contre Lothaire II roi de Lorraine, en 865, et contre Hincmar, archevêque de Rheims; et dix années plus tard Jean VIII les invoqua pour disposer de la couronne impériale en faveur de Charles-le-Chauve.

A ces fourberies succéda plus d'un siècle de turpitudes et d'orgies, telles que le paganisme n'en avait jamais connu de plus révoltantes. La papauté, qui jusque là avait travaillé, commençait déjà à jouir. Serge III, élu en **904**, inaugura ce siècle de débordement des moeurs papales, par ses amours avec l'astucieuse prostituée Marozia, dont il eut plusieurs bâtards, entr'autres un fils qui porta à son tour la tiare, sous le nom de Jean XI. Cette même Marozia s'associa plus tard à une autre prostituée papaline pour élever à la dignité de Vicaire de Jésus-Christ leurs communs favoris, tels que Jean XII et Bénédict IX, qu'elles gouvernèrent, après comme avant, au gré de leurs passions.

C'est de cette époque d'infaillibilité que date la fable de la papesse Jeanne!

En **1045** l'Eglise eut simultanément, pour la première fois, trois papes également infaillibles.

Telle était cependant la corruption des souverains temporels et de leur noblesse, la dureté de leurs exactions contre le pauvre peuple, que ces mécréants épicuriens de l'Eglise lui apparaissaient encore comme des bienfaiteurs, et que leur infaillibilité et leur omnipotence n'en allaient pas moins leur train. Voici comment

Macaulay explique ce fait: „Il est vrai — dit le grand historien — que l'Eglise avait été profondément corrompue, tant par la superstition que par la philosophie contre lesquelles elle avait si longtemps combattu, et dont elle avait fini par triompher. Elle avait admis trop facilement des doctrines empruntées aux anciennes écoles et à des rits empruntés aux anciens temples. La civilisation romaine et l'ignorance gothique, l'ingénuité grecque et l'ascétisme syrien avaient contribué à la dépraver. Ce nonobstant, elle conservait encore assez de la sublimité théologique et de la bienveillante morale de ses premiers temps, pour élever mainte intelligence et purifier bien des coeurs. Certaines choses qui, à une époque plus avancée furent considérées avec raison au nombre de ses principaux vices, étaient au septième siècle, et même longtemps après, son principal mérite. De notre temps ce serait un grand mal, que de voir l'ordre sacerdotal empiéter sur les fonctions de magistrats civils. Mais ce qui est un mal sous un bon gouvernement, peut être une bénédiction à une époque de mauvais gouvernement. Il vaut mieux que l'humanité soit régie par de sages lois bien administrées, et par une opinion publique éclairée que par l'astuce cléricale, mais il vaut encore mieux qu'elle soit gouvernée par l'astuce cléricale que par la brutale violence: par un prélat comme Dunstan, plutôt que par un guerrier comme Penda. Une société vautrée dans l'ignorance et gouvernée seulement par la force physique, a bien raison de se réjouir lorsqu'une classe dont l'influence est intellectuelle et morale acquiert de l'ascendent. Telle classe abusera du pouvoir, sans doute, mais le pouvoir moral même quand on en abuse, est toujours encore plus noble et meilleur que celui qui consiste uniquement dans la force physique."

Les synodes et conciles, qui jusqu'au neuvième siècle avaient été convoqués dans toutes les occasions importantes, devinrent de plus en plus rares, à mesure que la souveraineté monarchique des papes devenait plus absolue. Ces institutions démocratiques ne sont en effet compatibles avec l'arbitraire infaillible de la Tiare, qu'à condition que tout l'épiscopat soit servile vis-à-vis de Rome, comme il l'est aujourd'hui.

Notre Seigneur Jésus-Christ n'à institué que deux sacrements: le Baptême et la Sainte-cène. Pour que la proportion fût gardée avec la modestie qui caractérise la papauté, son Vicaire devait en instituer pour sa part au moins le double. Ces sacrements étaient particulièrement destinés à servir de corollaire moral au principe d'omnipotence politique. Tout, comme le pape s'arrogeait le droit de couronner les empereurs et les rois, de les censurer, de leur imposer ses pénitences, de les déposer et de donner leurs couronnes à d'autres, de même voulait-il que, depuis l'heure de sa naissance jusqu'à celle de sa mort, l'individu fût dans la dépendance absolue de l'Eglise. En dehors de cette soumission, que le clergé appelait filiale, l'homme, roi ou mendiant, ne trouvait de repos ni dans ce monde ni dans l'autre. Se montrait-il indocile, il était rangé au nombre des hérétiques, excommunié, mis au ban et en cas d'impénitence brûlé vif. Il va sans dire que l'ame de tels pécheurs endurcis, de durs-à-cuire, comme par exemple Jean Huss et Jérôme de Prague, ne pouvait alors passer que d'un bûcher à l'autre: n'échappait aux fagots, que pour retomber dans le soufre.

L'impossibilité de faire individuellement en hérésie, sans s'exposer à être grillé vif, fut cause qu'on prit ses mesures en conséquence, qu'on y appliqua désormais le système d'association, comme à-propos du schisme de l'Eglise d'Orient.

Le rocher, contre lequel les portes de l'Enfer ne prévaudront jamais, la clef du Ciel et le pouvoir de lier et de délier changèrent ainsi de maître, selon les Orientaux, tandisque pape et ultramontains prétendent, que le tout est resté intact au Vatican, où St-Pierre a à jamais fixé ces attributions lorsqu'il était évêque de Rome?!

Ces deux opinions ne nous paraissent guère plus fondée que la prétention des calvinistes, quand ils affirment posséder seuls la vérité. Rien n'empêche qu'il en soit de ces attributions papales comme des saintes tuniques, qui se rencontrent en Orient comme en Occident par douzaines, bien qu'il soit connu que Jésus n'en possédât qu'une. Le premier partage du rocher et des attributs du pouvoir de St-Pierre par le schisme oriental, était comme une menace de futures défections, que la divine Providence fesait à la papauté corrompue, pour l'engager à se repentir pendant qu'il en était encore temps. Mais, au lieu de voir dans cette scission un avertissement divin, la papauté aveuglée n'y vit qu'une occasion de plus de charger autrui des crimes dont elle était coupable: elle cria à l'hérésie et se mit en frais de sophismes et d'excommunications.

De même qu'aujourd'hui, la papauté croit pouvoir arrêter la marche de l'esprit humain par ses tragi-comiques anathèmes, protéger son corps défaillant contre les attaques foudroyantes de la science à l'aide d'Encycliques et de Syllabus, de même crut-elle jadis pouvoir régler la marche du monde au moyen du Paradis et de l'Enfer. Mais l'histoire du moyen-âge prouve, que la terreur des peines éternelles n'est pas plus capable de maintenir l'humanité dans le chemin de la vertu, que l'aspect d'une exécution capitale ne contribue à améliorer ceux qui en sont témoins. D'ailleurs, à l'exemple des Rois le peuple se gouverne: depuis que les papes s'étaient faits faussaires, ribauds, incestueux, adultères et ravisseurs du bien d'autrui, pouvait-on espérer que la société se maintint pure au milieu de la contagion du clergé?

Nos ultramontains affectent de nous représenter le moyen-âge comme l'âge-d'or de l'humanité, et d'attribuer tous les maux qui l'ont affligée depuis aux idées modernes, nées de la Réformation. C'est là, sans doute, une manière facile d'écrire l'histoire, et de se disculper de ses propres forfaits en les fesant retomber sur les épaules d'autrui; mais rien n'est plus faux que ce moyen-âge de fantaisie. Oui, en dépit de leurs prétentions à l'immutabilité et de leur rage pour le *non possumus*, nous pouvons faire aux ultramontains l'agréable surprise de leur annoncer qu'ils se sont eux-mêmes améliorés; qu'ils ont eux-mêmes progressé avec les idées libérales, et qu'entre un ultramontain du moyen-âge et un ultramontain moderne, il n'y a pas plus d'analogie, Dieu merci, qu'entre l'incestueux Aléxandre VI et le vénérable, mais mal conseillé, Pie IX.

Voici d'ailleurs quelques extraits du tableau que le célèbre historien de la civilisation, J. Scherr, nous fait de cet âge-d'or ultramontain dans son excellente „Deutsche Kultur- und Sittengeschichte."

„La violence fut toujours le principal moyen employé par les seigneurs pour réduire les paysans au servage; ils en firent l'usage le plus dévergondé surtout lorsqu'après la décadence du pouvoir impérial, les communautés rurales ne trouvèrent plus accès ni justice auprès des cours royales. Le serf était une chose échue à l'arbitraire de son seigneur avec sa vie, son honneur, ses biens et sa postérité. Non-seulement il était traité comme chose, et exposé à toute espèce de tourments, mais vendu comme une pièce de bétail. En voici un exemple pris entre mille:

„Moi Conrad, Ecuyer-tranchant d'Urach et chevalier, je porte à la connaissance de quiconque verra les présentes, les lira ou ouïra lire, que j'ai cédé aux honorables seigneurs ecclésiastiques l'Abbé et le conventuel du monastère de Lorch, les deux femmes Agnès et Mathilde, filles de feu Dégan Reinholt et leurs enfants à naître, pour le prix de 3 livres-heller — = 1 florin 45 kreutzer ou environ 3 francs — *dont j'attends le paiement. En foi de quoi je donne les présentes et y appends mon sceau. Donné en l'an 1333 après la naissance de Jésus-Christ.*"

„La coutume d'envisager le serf comme une chose appartenant à son seigneur, fit que quand des seigneurs se trouvaient en état d'hostilités, ils vouaient mutuellement les personnes, les cabanes, les champs des serfs de leur adversaire, de gaieté de coeur à la destruction, afin d'endommager autant que possible sa propriété. Ces faits prouvent à quelles terribles souffrances les *pauvres gens*, ainsi qu'on nommait officiellement les paysans jusqu'au 17ème siècle, étaient exposés pendant la domination du droit du plus fort. Nous ne voulons pas dérouler le régistre interminable des corvées personnelles et prestations en nature, qui pesaient sur les serfs. Mais on est surpris de voir, qu'il restât encore au paysan de quoi suffire aux besoins les plus élémentaires de l'existence, après toutes les corvées qu'il devait faire, les prestations en nature, les impôts, dîmes et cens qu'il devait payer, ainsi que les redevances de la meilleure pièce de bétail, qui s'étendaient du boeuf à la poule et même à l'oeuf. Il faut dire cependant que dans les années de disette, ces pauvres gens étaient moissonnés par la faim, comme la gelée de Novembre moissonne les mouches."

„Ces atroces exactions matérielles n'étaient pas encore assez pour l'arrogance féodale, qui, pour étouffer dans le paysan la dernière étincelle du sentiment de sa dignité humaine, inventa encore des tortures physiques et morales, dont nous ne voulons citer que le *jus primae noctis*. De même que les primeurs des fruits des champs et les premiers-nés du bétail appartenaient au seigneur, de même aussi avait-il droit aux prémices virginales de touts ses sujets du sexe féminin. Il avait le droit de jouir le premier de la fiancée du serf et de coucher à cet effet avec elle la nuit de ses noces. Et si même, par-ci par-là, le progrès des lumières permettait aux serfs de se dispenser de cette ignominie — que les seigneurs nommaient *un droit bien acquis* — par un impôt, appelé *marcheta* ou *cens virginal*, le déshonneur n'en était pas évité, attendu que dans beaucoup d'endroits on avait la coutume brutale d'en fixer l'impôt, qui consistait en beurre et en fromage, d'après la grosseur et la pesanteur, et par conséquent sur le vu, du postérieur de la jeune vierge. La cupidité féodale poursuivait d'ailleurs le paysan jusqu'au tombeau, car elle dépouillait le défunt de sa plus belle pièce de bétail, de son meilleur habit et de la meilleure pièce de son lit, quand il en avait un." *)

Voilà ce qu'était le moyen-âge, peu avant la Réformation. Maintenant, faudrait il en conclure que la préférence de nos ultramontains serait une réminiscence du droit de jambage, ou de l'agrément analogue d'acheter deux filles pour un florin, comme ces bons moines de Lorch?

Comme c'est avant tout nos propres ultramontains que nous avons en vue — en vertu du proverbe: „que chacun balaye devant sa porte" — nous voulons illustrer leurs déclamations larmoyantes, sur la corruption du siècle, d'un tableau qu'ils peuvent comparer, et qui d'ailleurs vient d'un auteur infaillible. Aeneas Silvius Piccolomini, qui porta la tiare de 1458 à 1464 sous le nom de Pie II, nous a légué, de notre capitale, de la Sodome actuelle de l'ultramontanisme, de Vienne aux plus beaux jours du moyen-âge, alors que les prêtres pouvaient sortir sans être insultés et que la crainte du seigneur régnait par tout, le tableau que voici:

---
*) page 221—222.

„Jour et nuit on s'y bat dans les rues comme dans une bataille: tantôt ce sont les artisans qui prennent les armes contre les étudiants, tantôt les gens de cour contre les bourgeois, et tantôt les bourgeois les uns contre les autres; rarement une fête ecclésiastique s'y passe sans rixes sanglantes, et le meurtre et l'homicide sont fréquents. Presque tous les bourgeois de Vienne tiennent cabarets et tavernes, dans lesquels ils appellent les libertins et les prostituées. Le peuple est adonné aux jouissances matérielles, et gaspille le dimanche ce qu'il a gagné durant la semaine. Le nombre des filles publiques est très-grand, et il n'y a d'ailleurs que peu de femmes qui se contentent d'un mari. Souvent les gentilshommes fréquentent les belles femmes bourgeoises. Alors le mari sert du vin, pour régaler cet hôte distingué, puis il le laisse seul avec sa femme. Les vieux marchands riches prennent pour femmes de jeunes servantes, qui, devenues veuves, se remarient aussitôt avec le domestique de la maison, avec lequel elles ont toujours entretenu un commerce adultère. L'on dit aussi, que beaucoup de dames se débarrassent de leurs importuns maris par le poison; et il est certain que beaucoup de bourgeois qui ne voulaient pas tolérer les relations impudiques de leurs femmes et de leurs filles avec des gentilshommes de la cour, en ont été souvent tués impunément."

Bonfini, qui vécut à Vienne trente ans plus tard, c'est-à-dire en 1490, nous en donne un tableau encore beaucoup moins flatteur pour l'idéal ultramontain, et l'influence absolue du clergé que celui de Pie II, auquel son caractère imposait naturellement une grande réserve quant aux prêtres. Nous apprenons cependant, de sources non suspectes, qu'il existait des bains publics, dans lesquels hommes et femmes, adolescents et vierges, prêtres, moines et religieuses se baignaient en commun, le plus souvent sans même sauvegarder la pudeur par une simple feuille de figuier.

Il existait au moyen-âge, jusqu'à la Réformation, un nombre infini de maisons de prostitution, payant patente aux dynastes temporels ou spirituels dont la localité dépendait, et dont elles avaient le droit de réclamer la protection. De cette manière, il arrivait souvent qu'un évêque tirait une partie de ses revenus de la débauche de son troupeau, et se trouvait dans le cas de protéger dans ses terres les prostituées patentées, contre la concurrence ruineuse des filles qui ne payaient pas patente. Il existe une pétition d'une maison de débauche de Nuremberg, de l'année 1492, par laquelle „femmes et filles" supplient pieusement le Conseil: „de ne plus tolérer la prostitution clandestine, mais de la réprimer désormais, pour l'amour de Dieu et de la justice, mieux que par le passé, afin que le revenu des pauvres n'en souffre pas, et de peur qu'ils n'en soient réduits à mourir de faim."

Quand ces dames se trouvaient dans le cas d'adresser pareilles suppliques à un souverain ecclésiastique, elles invoquaient naturellement, avec la même naïve candeur „l'intérêt de la Religion."

Ce qui prouve d'ailleurs, que le clergé d'alors était enfant de son siècle, et ne fesait pas exception dans cette démoralisation universelle, c'est le cas, que l'ouverture du Concile de Constance, en 1414, y avait attiré 1500 prostituées ambulantes, sans compter les filles sédentaires.

Pour compléter d'une façon convainquante cette esquisse des moeurs du moyen-âge, nous pourrions signaler encore l'inquisition et ses bûchers, dont les ultramontains ne peuvent plus répudier la complicité, depuis la canonisation de l'Inquisiteur Pierre d'Arbuez, mais c'en est assez. Ces quelques faits, tirés au hasard de cette étable d'Augias, suffiront pour réduire les prétentions ultramontaines à leur juste valeur; car, nous le répétons, nous n'en voulons ni au clergé ni à la religion mais bien aux monstruosités impies d'hommes insensés qui les compromettent.

De l'ensemble de ces faits il résulte:

1. Que le seul catholicisme immuable, c'est celui qui est explicitement contenu dans le Nouveau-Testament, et que le *non possumus* de n'importe quel membre de l'Eglise doit commencer, en tous cas, là où sa conscience lui dit qu'il va se mettre en contradiction avec ce saint livre, mais pas ailleurs.

2. Qu'il est improbable que St-Pierre ait jamais fondé de communauté chrétienne à Rome, et qu'en eût-il même fondé une, il est évident que ce n'eut été qu'à titre d'évêque et avec les attributions ordinaires des évêques, attendu que le Nouveau-Testament parle souvent des évêques et de leurs

attributions mais jamais de papes; et que nous savons d'ailleurs, par l'histoire profane et les rapports des auteurs ecclésiastiques grecs-schismatiques et protestants que le pouvoir spirituel des papes fut usurpé sur les évêques, qui dans l'origine étaient tous égaux.

3. Que la tradition ecclésiastique, sur laquelle sont basées l'autorité spirituelle du pape, les sacrements, et toutes les cérémonies et cultes inconnus du Nouveau-Testament ne mérite aucune croyance, parcequ'ayant été itérativement reconnue comme falsifiée là où il s'agissait d'intérêts temporels, beaucoup plus aisés à vérifier et beaucoup moins importants, elle ne saurait inspirer aucune confiance quant au spirituel, plus difficile à contrôler.

4. Que le principe d'infaillibilité étant absolument étranger à la nature de l'individu même le plus parfait, ne saurait par conséquent résider ni dans un concile, qui n'est lui-même qu'une collection d'êtres faillibles, et à plus forte raison ni dans un pape comme Borgia, ou même dans une collection de papes qui s'entr'excommuniquent. Si nous admettions, par exemple, l'infaillibilité de

Clément XIV quant à la bulle: *„Dominus ac redemptor noster"*, par laquelle il motive et prononce l'abolition de l'Ordre des Jésuites, pouvons-nous concéder la même infaillibilité à Pie VII, à-propos de la bulle: *„Sollicitudo omnium ecclesiarum"* par laquelle il rétablit cet Ordre, sans même réfuter aucun des motifs revêtus du sceau de l'infaillibilité de Clement XIV? — L'option est ici d'autant plus difficile, que nous avons d'un côté la desobéissance des Jésuites mêmes, qui parle pour la faillibilité de Clément, tandisque le bon sens parle contre l'infaillibilité de Pie.

5. Que puisque l'Eglise chrétienne fut dans son origine une réunion de communautés, dirigées par des évêques qui n'avaient de commune autorité que l'Evangile, et dont le nombre devait rester toujours illimité, il en résulte que l'usurpation de cette autorité par les évêques de Rome n'est qu'un fait, qui ne saurait altérer en rien les droits et attributions que cet Evangile confère tout aussi bien aux autres églises chrétiennes, qu'à l'église catholique. Par conséquent le rocher, la clef du Paradis et le pouvoir de lier et de délier, qui constituent les promesses faites par notre

Seigneur à St-Pierre, appartiennent à toutes les confessions fondées sur le Nouveau-Testament.

6. Que l'usurpation de l'autorité collective de tous les évêques catholiques, par l'évêque de Rome, fut la cause de tous les schismes, de toutes les persécutions, de la plupart des guerres qui ont désolé et désolent encore la chrétienté, et notamment de la création du pouvoir temporel, qui détourna les papes de leur mission spirituelle, les lança dans l'arène politique, et dans un tourbillon de passions et de méfaits incompatibles avec le nom de chrétien, et qui finirent par faire de la papauté le fléau de l'humanité.

7. Que les moeurs des peuples chrétiens avaient dégénéré, par suite de la corruption de la papauté, au point de rendre une réforme ou un retour à la plus affreuse barbarie inévitables; et que, notamment à l'époque de la Réformation, alors que l'Eglise catholique était le plus omnipotente, le débordement des moeurs avait atteint, dans ses domaines, des proportions que le paganisme n'avait jamais outrepassées, et dont les temps qui suivirent la Réformation n'offrent plus d'exemples.

Ces considérations nous invitent tout naturellement, à rechercher si l'état actuel du catholicisme est remédiable, et si la religion qui depuis plusieurs siècles ne porte aucun fruit digne de son divin Maître, peut être régénérée, sans sacrifier tout ce qui ne lui est pas explicitement concédé par le Nouveau-Testament. Nous pensons qu'il suffirait de soumettre cette double question à un synode ad hoc, composé de nos jeunes prêtres intelligents, pour la voir résoudre affirmativement. Sans doute il faut, avant tout, qu'un gouvernement éclairé de l'Allemagne, la Belgique, l'Italie ou simplement un canton de la Suisse ait le courage de sa volonté: qu'il décrète la fondation d'une Eglise nationale, et convoque à cet effet un synode constituant. Les peuples germaniques et l'utraquiste Bohême suivront en masse cet exemple, car depuis longtemps déjà cette idée leur est entièrement familière. Ce serait sans doute la meilleure occasion pour S. M. le roi de Prusse, de fonder l'unité allemande; mais nous ne nous fesons pas d'illusion à son égard, et il suffira que le grand-duc de Baden se mette à la tête du mouvement,

149

pour voir enfin l'Allemagne affranchie du joug étranger de la papauté. La constitution synodale sera alors rétablie et, comme dans les premiers temps, l'Eglise sera gouvernée par des évêques.

Ce n'est pas le catholicisme qu'il s'agit de réformer. Ses dogmes fondés sur l'Evangile resteront les mêmes; mais c'est sa hiérarchie qui a besoin d'être radicalement modifiée, de conformité avec la vie, les préceptes et l'exemple de Notre Seigneur!

A quels personnages de l'Evangile correspondent en effet le pape, ses cardinaux, sa cour grotesque, ses nonces et monsignori, ses archevêques et évêques, grands chasseurs devant le Seigneur et menant une vie de Sybarites, tandisque nos pauvres desservants de paroisses ont faim?

A quelle Vigne du Seigneur correspond notre Carinthie par exemple, ce pays tout catholique, absolument soumis au clergé, où toutes les chaires retentissent d'imprécations contre les ennemis du Concordat, et dont les fruits catholiques annuels sont résumés officiellement comme suit:

Naissances: **10,317.**

dont **6,017** légitimes et . **4,300** illégitimes

Dans les pays de l'Europe, que le paternel clergé carinthien représente à son troupeau comme livrés aux protestants et francs-maçons, les enfants illégitimes sont aux légitimes dans la proportion de 5 pour cent, tandisque dans notre pieuse Carinthie, la moitié environ des enfants sont illégitimes et la moitié de l'autre moitié adultérins.

En fait la Carinthie, l'une des plus belles provinces de notre magnifique Autriche, le pays en apparence le plus catholique de l'univers, où le clergé ultramontain est omnipotent, ne connait pour ainsi dire plus l'institution qu'on appelle ailleurs la famille, parceque à-peu-près toutes les filles y sont mères avant de se marier, qu'elles n'épousent que rarement leur séducteur, et qu'une fois mariées, elles reviennent toujours à leurs premières amours!

Ces candides Carinthiens ont d'ailleurs une tendance très-prononcée pour le vagabondage et l'annexion du bien d'autrui, sous la forme primitive de vols avec effraction, ce qui, à leurs yeux, compense bien des petites pécadilles.

Ne serait-ce pas ici le cas, de rappeler à nos ultramontains, toujours si prompts à désigner nos réunions de famille comme culte de la chair, qu'ils feraient bien d'ôter d'abord la poutre de leur œil, avant de s'occuper de la paille qui est dans l'œil de leur prochain?

La Réformation, dont le but essentiel fut de réagir contre le débordement des mœurs, imposait à ses adeptes une chasteté dont le catholicisme n'offrit jamais d'exemple. Le célibat des prêtres fut aboli, les maisons de débauche fermées; et tout comme les protestants sacrifiaient les formes accessoires de la religion à l'Evangile, de même substituèrent-ils une surveillance de mœurs, souvent soupçonneuse, à l'abstinence gastronomique, que l'Eglise catholique impose à ses membres.

Les Jésuites virent au premier coup-d'œil, que cette continence et ce contrôle pesaient à ceux qui en étaient l'objet, et qu'il y aurait beaucoup à gagner, s'ils parvenaient à accommoder l'apparence de la chasteté avec l'ancien réalisme sexuel. Ils reléguèrent donc Dieu et Jésus-Christ dans leurs controverses, et mirent dès ce moment le culte de la Vierge au premier plan. Tous leurs efforts tendirent alors, à enrôler la jeunesse des deux sexes dans des congrégations, dont le seul but était de méditer sur la virginité devant une statue qui, par ses formes voluptueuses, rappelait souvent une Vénus plutôt qu'une sainte Vierge. Ces objets de la vénération juvénile étaient exposés dans de petits sanctuaires ornés de fleurs, dans lesquels le jour n'arrivait qu'à la dérobée, à travers un rideau, disposé de façon à ce que chaque rayon de lumière produisît de ces impressions, qui tiennent le milieu entre l'arbre de science et le fruit défendu. C'est sous l'effet de ces douces rêveries, que vierges et jouvenceaux passaient souvent au confessionnal, où de jeunes prêtres appliquaient une espèce de douche glacée sur leurs sens surexcités. Souvent il arrivait cependant, qu'en voulant modérer les passions on ne fesait que les irriter; et qu'à force parler péchés mignons à de jeunes innocentes, l'on n'arrivait qu'à réveiller la curiosité des filles d'Eve, et à les rendre beaucoup plus accessibles à la tentation. Ce n'était sans doute pas là, nous aimons à le croire, l'intention des enfants de St. Ignace; ce nonobstant, il n'en est pas moins étonnant qu'ils persévèrent dans leur système de congrégations virginales, même depuis qu'il est démontré que la virginité devient plus rare, à mesure qu'ils les multiplient. Du reste, ils ont la forme, à quoi bon la chose?

Toutefois il serait injuste, d'attribuer aux Jésuites les défectuosités morales qui sapent la base de l'Eglise, car à cet égard, le Sacré-Collège romain n'y regarde guère de plus près.

Le célèbre évêque de Constance, Mgr. Wessenberg, appelé à Rome en 1817, raconte à l'appui de cette opinion l'aventure suivante: „Un jour que je revenais d'Albano, en compagnie du cardinal Consalvi, nous trouvâmes le Monte-Caro occupé par cinq cents brigands et, en face, les troupes papales destinées à protéger la vie des voyageurs. Comme Son Eminence affectait volontiers de me donner le peuple romain comme modèle de piété, je lui fis observer, que ces brigands ne devaient pas en avoir beaucoup." — „C'est ce qui vous trompe! — me répartit le cardinal — ces gens-là volent et assassinent, mais ils ont de la religion: ils sont tout farcis de médailles, amulettes et scapulaires bénits.

„La forme sans l'esprit est en horreur au christianisme," répliqua le vénérable évêque réformateur. Le cardinal ultramontain le regarda, comme s'il eut été l'incarnation du Méphistophélès de Gœthe; et il eut bientôt occasion de se persuader, que cette confession de foi lui coûterait son évêché, parceque le Pape y reconnut le symbole d'une future Eglise nationale allemande·

C'est là peut-être le seul cas où son infaillibilité l'eut bien servi!

Aujourd'hui en effet, la doctrine du saint prêtre et grand patriote badois travaille les populations de l'Allemagne du sud et de la Suisse orientale, jusqu'à Soleure. Bientôt les gouvernements ne pourront plus se refuser à lui donner une consécration formelle, en dotant leurs états d'églises indépendantes de la papauté, dont le dogme soit vraiment évangélique, et confiées à la fidèle sauvegarde d'évêques mariés, donnant l'exemple des bonnes mœurs conjugales, ainsi que le veut St. Paul.

Les ultramontains se plaisent comme on sait, à faire parade de chiffres, quand ils sont en veine d'affecter en matière d'unité catholique une confiance qu'ils n'ont pas. Nous sommes deux cents millions, disent-ils alors. — Très-bien, messieurs les papalins; mais vous oubliez que vous avez des moments de sainte indignation, où vous excommuniquez touts les indifférents! Alors combien êtes-vous? — Tout au plus autant de centaines de mille, que vous étiez tout à l'heure de centaines de millions! Au surplus, si vous voulez vous convaincre de cette vérité, palpable déjà dans le denier de St. Pierre, mettez aux voix le rapt Mortara, l'Encyclique et le Syllabus, la canonisation Arbuez et la lettre de Pie IX à l'évêque d'Orléans, du 21. Décembre 1867, et vous verrez que ce catholicisme-là compte, à l'heure qu'il est, autant d'adversaires qu'il y a au monde de bons catholiques.

Sans doute, la triste expérience que nous avons sous les yeux, ne permet pas de douter, que sur les cent quatre-vingt dix-neuf millions de catholiques qui manquent de répondre aux chaleureux appels de fonds de la papauté, la plupart ne le font pas par esprit d'opposition. Le plus grand nombre d'entre'eux a été systématiquement maintenu dans un état d'ignorance, digne des principes exprimés dans la lettre du pape à Mgr. Dupanloup; de sorte, qu'ils ne savent pas même qu'il existe des coffre-forts en général, et n'ont par conséquent aucune idée que celui du pape soit vide. Le reste vit dans l'indifférence la plus complète en matière de religion, indifférence qui ne varie que quant à la forme. Dans les pays libres, elle se manifeste par l'abstention du culte, tandisque dans les pays théocratiques, où la police et la gendarmerie peuvent forcer les citoyens à exhiber leurs billets de confession, comme en Autriche, l'indifférentisme est hypocrite. Dans le premier cas, on a le spectacle hideux de populations affichant, jusque dans les cabarets, une impiété révoltante, tandisque dans la seconde alternative, elles affectent béatement dans la rue, de se laisser éclabousser par les carosses armoriés de la prélature, de peur que la police ne les note comme rebelles à la main qui bénit. Ailleurs on en est réduit à fermer les églises, faute de fidèles; chez nous, il en est qui servent de rendezvous, et où, durant les Offices, les livres de prières font un service télégraphique, beaucoup plus digne du culte d'Astarte que de celui de la Vierge. Il n'est d'ailleurs personne qui ne sache, que la plupart des élèves de nos écoles des deux sexes, que l'on force à exhiber fréquemment des billets de confession, les achètent ouvertement des sacristains, et ne vont pas à confesse de toute l'année.

A-peu-près tout le progrès du catholicisme dans le domaine religieux, se borne donc à des formes vides de sens, quand il n'aboutit pas à quelque chose de pire. Dans le domaine politique, le progrès des peuples catholiques est encore bien plus triste : c'est le stabilisme, comme dans l'état de l'Eglise et en Espagne ; l'anarchie et la décadence morale et matérielle, comme au Mexique ; ou les tiraillements permanents entre le césarisme et la démagogie, comme en France. Le Portugal et la Belgique seuls font exception, parceque, ainsi que le disent fort bien les ultramontains, ces états se trouvent dans la pleine et large voie qui conduit à l'hérésie.

On nous vante beaucoup le catholicisme français ; mais avant d'accepter cette apologie, qu'on lise la lettre déjà citée, du pape à l'évêque d'Orleans, et l'on se convaincra que ce catholicisme-là n'est compatible qu'avec la négation absolue de toute éducation scientifique. Que nos dignes mères de famille se le disent: ces cours d'antropologie, d'histoire, de littérature, de sciences naturelles, de physique et de chimie, par lesquels elles détournent leurs filles de représentations théâtrales obscènes, et prétendent remplir leurs soirées d'hiver d'une manière plus chrétienne qu'en les envoyant au bal ou dans certaines congrégations, toutes ces matières complémentaires d'une bonne éducation, sont condamnées implicitement par le pape.

Voilà pourquoi la France est si bonne catholique; c'est parcequ'elle est encore plongée dans une ignorance et une superstition, telles que l'Europe n'en offre nulle part d'exemple. Il n'est peut-être pas un membre du clergé français qui comprenne la Sainte-Ecriture dans ses langues originales; et quant au peuple, il gémit dans l'ignorance la plus sordide.

Il n'est donc pas nécessaire, de rechercher ailleurs les causes des révolutions périodiques, et du despotisme qui désolent la France!

Mais là n'est pas encore toute la question. Il s'agit encore de savoir, si ce catholicisme français, dont nos ultramontains raffollent, produit de meilleurs fruits que le nôtre? — La statistique officielle des tribunaux, des régistres de l'état civil et du recrutement de l'armée nous apprend que c'est tout le contraire. Le nombre des crimes et délits, est relativement plus considérable en France que dans aucun autre pays de l'Europe. En Autriche, le chiffre des naissances livre annuellement sur celui des décès un excédant considérable; en France, c'est le contraire qui a lieu. Le recrutement n'amène chez nous qu'un nombre insignifiant d'exclusions pour incapacités physiques, tandisqu'en France leur chiffre menaçait l'existence de l'armée, au point qu'on va être obligé désormais de tout prendre, sans égard à la mesure ou aux infirmités.

Les causes universellement connues de cette décandence, sont tellement peu catholiques — comme l'avortement artificiel et la coutume d'envoyer les nourrissons mourir à la campagne — ou tellement révoltantes pour la pudeur, qu'il est impossible de les nommer. On peut dire seulement, que tout comme les époux français règlent d'avance leur dot, ils fixent aussi d'avance le nombre d'enfants qu'ils désirent avoir.

On voit donc qu'en France, comme ailleurs, le catholicisme a beaucoup de formes, mais aucun fond!

En face de ces misères et turpitudes, un fait seul nous console, c'est la conviction que le jour où notre religion sera dépouillée de toutes ses annexes purement humaines, et où elle cessera de servir de masque à l'ambition politique, elle pourra reprendre sa sainte mission, au point où les papes l'ont méconnue en usurpant le pouvoir des évêques, et en se fesant souverains temporels. Il faut que le catholicisme soit décentralisé, afin de mieux être à même de répondre aux divers besoins de peuples, si différents par leur nature et leur éducation. Il faut en un mot, que pour devenir universelle, l'Eglise cesse d'être romaine; quelle en revienne à sa simplicité primitive, avec ses évêques coordonnés et sa constitution synodale. Déjà l'occasion d'une telle réforme promet de se présenter sous peu. Le bonapartisme, qui sent que le pouvoir lui échappe, et la papauté qui se trouve dans le même cas, ont résolu de faire cause commune, de se fusionner en fesant un Bonaparte pape.

Le but de cette combinaison est palpable; il consiste à asservir politiquement la France à un systême abhorré, à l'aide de la papauté et en exploitant les sentiments religieux de son peuple; et à livrer l'Europe bâillonnée à la papauté, en substituant le césarisme français au pouvoir de lier et de délier: les chassepots à la clef de St. Pierre. Mais on oublie que si pareils anachronismes peuvent bien encore faire des dupes parmi les peuples de race latine, d'autre part il est évident, que le jour où on tentera de les réaliser, il n'existera plus d'autorité papale de ce côté du Rhin.

Voilà où doit forcément aboutir la question romaine, pour être résolue définitivement. Naguère encore, le pouvoir temporel était possible; mais les provocations de la papauté ont compromis, dès lors, même le spirituel.

IV.

LES ALLIANCES NATURELLES.

Les alliances politiques ne seront absolument naturelles dans le sens attaché à cette idée, que lorsqu'elles seront superflues, qu'elles cesseront d'être formellement alliances pour devenir faits naturels. Quand une fois l'Europe sera équilibrée par le régime constitutionnel, que la souveraineté du peuple réglera les rapports internationaux, que le principe de non-intervention sera une vérité universellement acceptée l'union des états européens sera un fait accompli.

Jusqu'à présent toutes les alliances politiques eurent plus ou moins le caractère de coalitions, parce qu'elles ne furent recherchées et acceptées qu'en cas de guerre; ou elles étaient de simples préservatifs contre l'esprit du temps, comme la Ste. Alliance. Ces différentes alliances partagèrent naturellement aussi, tout l'odieux et toute l'impopularité des combinaisons et intrigues diplomatiques en général, parce qu'elles n'avaient de raison d'être que dans l'ambition et l'intérêt dynastique.

Aujourd'hui même, en face de la crise européenne qui se prépare, il ne peut pas encore être question d'alliances naturelles, mais tout au plus d'alliances nécessaires, différant des précédentes uniquement par leur alliage populaire et constitutionnel.

Dans quelques mois nous aurons la guerre, que Napoléon s'apprête à provoquer, dans le but de sauver momentanément son trône; voilà la base donnée, sur laquelle seulement l'Europe peut combiner une coalition.

Par bonheur, cette guerre est répudiée de l'opinion publique, qui la considère universellement comme un guetapens dirigé contre l'humanité et sa civilisation; c'est pourquoi il y a lieu d'espérer que l'Europe entière se lèvera pour l'étouffer solidairement. Afin de proportionner la répression à la témérité de l'attentat, il faut donc que tous les états menacés s'arment, un pour tous tous pour un, d'un seul et même élan, pour terrasser et anéantir l'agresseur, qu'il vienne d'ailleurs d'Occident ou d'Orient.

L'Europe, l'humanité, la civilisation n'ont malheureusement déjà que trop souffert pour des intérêts dynastiques, qui ne les regardaient pas; elles ont désormais le devoir d'étouffer à son origine toute tentative de ce genre, avant qu'elle leur ait coûté des milliards et des monceaux de cadavres et de ruines.

Il n'est aujourd'hui sur toute l'étendue du globe, aucun être dué de bon sens qui ait un intérêt avouable à l'existence des trônes de Napoléon III., de George Rex ou du Pape. En revanche, tout le monde à intérêt au maintien de la paix, à conserver ce qu'il possède, à ne pas laisser broyer ses fils par le canon pour restaurer ou raffermir des trônes, qui se sont eux-mêmes condamnés au néant, et dont l'existence ne serait d'ailleurs qu'éphémère.

Le pape et George Rex ne sont au surplus que des prétextes accessoires, car ils sont absolument inoffensifs, tandisque le vrai fauteur de la guerre c'est Napoléon III.

L'empereur des Français est, comme dirait Falstaff, vieux, gras et infirme; il a voué son âme à tous les saints pour fonder une espèce de dynastie, qui, tant qu'il vivra fonctionnera tant bien que mal. Cependant cette dynastie, il y tient; il voudrait à tout prix en assurer l'existence, la léguer à la postérité, dans la personne de son fils unique, autrement dit „l'Enfant de France."

La difficulté est cependant beaucoup moins de léguer une dynastie à la postérité, à laquelle on a déjà tant légué, que de la faire accepter par les contemporains, qui, surtout en France, n'acceptent ces dotations-là qu'à leurs corps défendant. A voir aujourd'hui ces contemporains français, débattre cette question de monarchie providentielle avec leurs sergents de ville, on est en effet tenté de croire, que le fameux *Timeo Danaos et dona ferentes* fut inventé tout exprès pour eux. Mais Napoléon sait tout aussi bien qu'eux ce qu'une dynastie coûte à fonder; et tout comme il sauva naguère la France malgré elle, il compte bien aussi lui imposer sa dynastie coûte que coûte.

Jusqu'ici, nous ne trouverions pas grand chose à redire à cela: c'est une querelle de ménage, qui ne regarde que les Français. Cependant, de toutes parts il nous revient que, tandisque l'Europe assiste à bouche béante à ce spectacle étranger,

Napoléon fait ouvertement ses préparatifs pour remettre à l'ordre non les tapageurs, mais le badaud.

Donc, le fait nous regarde! C'est sur les épaules des peuples de toute l'Europe, que doivent tomber les coups indispensables à la consolidation des destinées providentielles de la dynastie des Bonaparte.

A l'heure qu'il est l'Europe est donc menacée d'une guerre générale, et l'Allemagne en particulier, d'être ravagée, saccagée, dépeuplée de l'élite de sa population, parceque les Français s'obstinent à répudier l'intrusion providentielle du deux Décembre; parceque ce noble et héroïque peuple ose se souvenir de temps en temps, que le despotisme fait mal ses affaires.

A Dieu ne plaise, que nous jetions à notre tour la pierre à ce généreux peuple français! Nous savons que ce n'est pas lui qui veut la guerre; et à condition qu'il ne se laisse pas indignement ameuter contre nous, il peut être assuré des sympathies universelles de l'opinion publique de tous pays. Malheureusement, il ne s'agit ici que très-peu du peuple français, — dans les états despotiques les peuples ne comptent pas — et toute la question se réduit à savoir, comment l'Europe acceptera le rôle infâme que Napoléon veut lui imposer? Dira-t-elle aujourd'hui, comme dans une occasion tout analogue du temps du premier Napoléon: „ce n'est pas une rive gauche du Rhin, une partie de l'Italie, une parcelle de la Suisse de plus ou de moins, qui peuvent exercer une grande influence sur les destinées de l'Europe; et si les Français veulent rester tranquilles à ce prix, grand bien leur fasse?! — Nous ne l'espérons pas, car, le cas échéant, nous pourrions déjà lui prouver où cette lâche théorie la ménerait.

On sait par expérience, que l'original de l'empereur des Français, Napoléon I, pour assimiler à la centralisation française les états qu'il annexait, se vit forcé chaque fois, de réduire la liberté de la France dans la même proportion. Mais chaque fois, cette recrudescence de pression était naturellement suivie aussi d'une recrudescence d'expansion, qui le forçait à avoir recours à la soupape de sûreté. D'après une loi physique, il faut cependant que la périphérie des soupapes soit toujours proportionnée aux dimensions de la chaudière. Après chaque nouvelle conquête, chaque envoi de trophées, les Français oubliaient bien que le poids de leurs chaînes s'augmentait avec leur longueur, mais leur illusion était courte. Ils recommençaient bientôt à maudire l'arbitraire, à conspirer contre le despote, à fabriquer des machines infernales pour broyer l'usurpateur de leurs droits et de leurs libertés. C'est ainsi qu'en quelques années, ils forcèrent le grand Napoléon, peut-être malgré lui, à aller de la rive gauche du Rhin aux rives droites du Véser, de l'Elbe, de l'Oder, de la Vistule et de la Moskowa!

On nous répondra, sans doute, que Napoléon III ne répétera pas, quand même, les fautes de son oncle, que nous sommes pessimiste voire même un calomniateur. Mais cela ne nous gênera guère; et pour peu que les autres états de l'Europe persévèrent dans leurs mesquineries égoïstes, aulieu de s'accorder pour étouffer la conflagration à son début, dans deux mois d'ici, nous aurons de quoi confondre quiconque nous suspecterait aujourd'hui. Evidemment, nous ne prétendons pas que dans deux mois les Français seront déjà sur les bords de la Moskowa, ni même qu'ils pensent encore à y arriver; mais ce que nous affirmons, c'est que les mêmes causes produisent toujours les mêmes effets.

Quant à Napoléon III, les causes sont absolument les mêmes que celles qui menèrent jadis son oncle en Russie; et d'ailleurs, il a déjà prouvé par ses campagnes de Crimée, de Syrie, d'Italie et du Mexique, qu'il n'est ni moins aventureux, ni moins obstiné, ni plus scrupuleux, ni plus prudent que l'homme des Pyramides. Si par conséquent l'Europe persévérait encore quelques semaines dans son désarroi actuel; qu'elle complétât ces causes, en renouvelant les fautes commises vis-à-vis de Napoléon I, elle aurait, tôt ou tard, les mêmes effets à en attendre qu'il y a un demi siècle.

Napoléon III a protesté cent fois, qu'il ne voyait aucun motif de guerre contre l'Allemagne, aussi longtemps que la Prusse respecterait le traité de paix de Prague. La Prusse a religieusement respecté ce traité; elle a résisté aux vœux légitimes du grand duc de Baden et des peuples de l'Allemagne du Sud, et ce nonobstant l'homme du deux Décembre veut attaquer l'Allemagne. Et l'on voudrait nous faire accroire, que la Prusse a une bonne part aux calamités qui nous menacent? — C'est évidemment faux; le gouvernement prussien a fait tout ce qu'on pouvait équitablement exiger de lui, pour ne donner aucun prétexte de guerre à Napoléon. Mais que servent toutes ces condescendances, comme dans l'affaire de Luxembourg, vis-à-vis d'un adversaire qui veut, à tout prix, jouer le rôle odieux du loup vis-à-vis de l'agneau de la Fable.

On ne discute pas avec de telles gens; d'ailleurs, à quoi bon? Napoléon III jurerait encore cent fois de plus qu'il veut la paix, qu'il n'en voudrait pas moins la guerre.

Il ne peut vouloir que la guerre!

En s'armant pour défendre, en premier lieu, la rive gauche du Rhin, la Prusse ne défend donc pas seulement son territoire, mais elle défend le droit des gens, la cause de l'humanité et de la civilisation. Sa cause n'est donc pas plus celle de l'Allemagne, que de la Belgique, de la Hollande, de l'Autriche ou de la Russie, mais celle de l'Europe tout entière.

Nous savons d'ailleurs, que durant de récentes conférences tenues à Notre-Dame de Paris, un orateur, auquel on a donné le titre significatif de nouveau Pierre d'Amiens, a non-seulement prêché la nécessité de la guerre, mais expressément déclaré, qu'il s'agissait cette fois du triomphe ou de la ruine de la race latine. Le révérend Père eut sans doute pu s'épargner cet élan d'éloquence pathétique : car la race latine ne peut guère tomber plus bas; mais ce n'en est pas moins un avis au lecteur!

Ne retombons donc pas, en face d'un danger imminent, nous pourrions même dire d'un double danger, dans nos anciennes mesquineries égoïstes; et surtout n'attendons pas à demain, pour délibérer sur ce que nous eussions dû faire aujourd'hui.

Depuis les victoires de Charles-Quint, ou plutôt depuis que la France fut centralisée, de manière à présenter à l'Europe désunie un front de bataille aussi redoutable, l'on n'en fit jamais façon autrement qu'à l'aide de coalitions. Mais il est également vrai, que cette puissance ne s'est jamais soutenue longtemps contre une alliance compacte des puissances du Nord, surtout quand l'Angleterre prêta le concours de ses flottes. Profitons donc aujourd'hui de cette expérience, encore avant le commencement de la guerre, dans le but de la prévenir s'il en est temps. Que les divers états de l'Europe, grands et petits, se réunissent en une seule et même pensée: celle de déclarer à Napoléon III, qu'ils ne veulent pas de guerre; et qu'ils son prêts à anéantir quiconque oserait troubler la paix. Et si cette démonstration n'aboutissait pas, alors, il faudrait que la punition suivît de près la menace.

Si au lieu de se laisser d'abord battre séparement par le premier Bonaparte, ces mêmes puissances qui se coalisèrent contre lui en 1813, s'étaient alliées sous l'impression des glorieux faits d'armes anglais de St. Jean-d'Acre et d'Aboukir, combien de misères, de sang, d'humiliations et de turpitudes n'eussent-elles pas épargnées à l'Europe?

Or, ne nous abandonnons à aucune vaine illusion, le neveu se trouve aujourd'hui littéralement dans la même position que son oncle.

La France lui demande la liberté; mais il ne peut pas plus la lui donner, qu'une bonne ne peut satisfaire aux caprices d'un marmot, qui pleure pour avoir la lune.

Napoléon III n'a donc, à l'heure qu'il est, de choix qu'entre la guerre et la révolution; et il a opté pour la guerre! Que fera maintenant l'Europe? Va-t-elle être encore une fois le souffre-douleur du bonapartisme; ou ses divers états vont-ils se lever, comme un seul homme, pour octroyer leur volonté à l'agresseur?

On sait que touts ces états, grands et petits, suivent involontairement, pour la plupart, l'impulsion belliqueuse donnée par la France. On sait même déjà en Allemagne, qui s'est chargé de faire oublier le crime d'Ephialtes. Mais, il y a encore loin de ces armements, jusqu'à sceller l'alliance inévitable que réclament l'humanité et la civilisation. Et pour que cette coalition fût digne des grands principes qu'elle est appelée à sauvegarder, capable de prévenir à jamais le retour de guetapens tels que celui dont l'Europe est menacée, il importerait encore que non-seulement elle fût suffisante, mais qu'elle fût universelle. Nous avons heureusement lieu d'espérer qu'il en sera ainsi.

Cette fois-ci, nous n'avons du moins ni confédération du Rhin à redouter, ni que l'Allemagne hésite un seul instant à se soulever comme un seul homme, contre l'agresseur que personne n'a provoqué. Le peuple allemand n'attendra plus que la soldatesque étrangère outrage ses filles, déchausse les citoyens pour s'emparer de leurs souliers, ou qu'un Davoust force les dames de Hambourg à travailler aux fortifications, pour rapprendre aux envahisseurs le pas de course de Waterloo. Le plus simple paysan de la Thuringue sent aujourd'hui, tout aussi bien que l'étudiant, que semblables infamies rendent les peuples qui les souffrent indignes de l'indépendance. Le patriotique enthousiasme, jadis réveillé par la lyre héroïque de Körner, couve encore sous la cendre; le son d'un clairon, l'ombre d'un drapeau le rallumeront, à la terreur de nos ennemis. Qu'on affiche, comme au printemps de 1813, les „Appels au peuple" de Fréderic-Guillaume III aux portes des églises, et l'on verra, comme alors, ce que vaut le peuple allemand, quand on lui met une arme au poing.

Nous pourrons alors, sans fanfaronnade, dire aux Zouaves: „arrivez! „Et si même, un transfuge ou ses mercenaires vous trahissent le chemin de nos Thermopyles, nous vous prouverons que c'est un anachronisme, de venir chercher des lauriers dans un pays de fer."

Nous ne prêchons pas cette croisade défensive, ni la coalition contre Napoléon III, avec une arrière-pensée d'invasion. L'Allemagne n'a rien à démêler avec la France; d'ailleurs l'honneur des peuples et leur indépendance sont un bien international, que chacun doit respecter chez son voisin, et dont tous sont solidairement garants.

Si Napoléon nous attaque, nous courrons sus à sa dynastie, mais nous ne ferons pas la guerre au peuple français. Et si même toute l'Europe se soulève avec l'Allemagne, contre l'agresseur, il faut que nous bannissions toute idée de conquête. Si l'Empire d'Allemagne doit renaître à la vie politique, comme nous le croyons, il faut que non-seulement il soit grand et fort, mais aussi qu'il soit juste; et s'il doit jamais rassembler les enfants qui lui furent jadis arrachés par la trahison, ce ne peut être, par conséquent, que de leur plein gré: en vertu du suffrage universel et non par la conquête. Le but de la coalition qui se prépare, et qui, nous l'espérons, sera un fait accompli le jour où les Français feront marcher le premier bataillon vers nos frontières, c'est de les écraser sous le nombre, de manière à étouffer la guerre du premier coup. Mais, à condition que la France s'engage alors à débarrasser l'Europe des Bonaparte, il ne faudra pas faire un pas de plus, parcequ'il serait de trop.

Aussi longtemps que l'équilibre européen ne sera pas une conséquence forcée de l'équilibrement constitutionnel des états de l'Europe, il ne faut pas toucher à ce qui, tant bien que mal, est destiné à le remplacer aujourd'hui.

Cette coalition, dont les signes précurseurs se dessinent déjà aujourd'hui à l'horizon politique de la Russie, de l'Allemagne, de l'Italie et de touts les pays situés dans la presqu'île des Balkans ou tributaires du Sultan, cette coalition est formellement provoquée, jusque dans ses moindres détails ethnographiques, par la nature essentiellement annexionniste de l'agression.

Sans doute, Napoleon III tentera encore une fois de donner le change à l'Europe; il protestera qu'il n'en veut qu'à la Prusse, et nous voudra démontrer que, comme ses plans sont désintéressés et uniquement destinés à empêcher le Sud de l'Allemagne de se réunir au Nord, le meilleur parti à prendre c'est de localiser la guerre? — Fort bien! localisons la guerre; mais vous comprendrez, Majesté, qu'il ne convient pas que ce soit toujours vous qui la localisiez. Vous l'avez déjà localisée par deux fois; donc, chacun son tour. Cette fois-ci, c'est à l'Europe à localiser; et nous espérons qu'elle y mettra plus de discrétion que vous!

Il faut s'attendre, sans doute, à ce qu'il ne manque pas de mesquines gens, de ces bons bourgeois prédestinés à ne jamais éviter un piége, qui prétendront, que Napoléon III n'en veut réellement qu'à la Prusse; et que par conséquent, sur la *parole d'honneur* de S. M., les Belges, Hollandais et Suisses n'ont rien à craindre, et peuvent dormir tranquilles, la tête sur leur sac à neutralité de papier. D'accord, Napoléon n'attaquera d'abord que la Prusse, à moins d'être forcé à en agir autrement; il est probable même que s'il n'avait que quarante ans au lieu de soixante, il attendrait d'avoir éventuellement assimilé la rive gauche allemande du Rhin, avant de chercher noise pour annexer la Belgique, la Hollande et la Suisse française. Mais si, dans les circonstances données, et en face de la nécessité de ne pas laisser de si graves questions sur les bras de son héritier, Napoléon battait les Allemands, ces trois états n'auraient plus rien à espérer, en dehors du répit d'usage pour les condamnés. Les engager à ne pas se fier à leur neutralité, à se réunir pour la lutte, plutôt que de s'exposer à être terrassés séparément, c'est donc les inviter à aider leur voisin à prévenir un incendie, ou a éteindre sa maison pour sauver les leurs, qui hors de cette action commune seraient invariablement vouées à la destruction. En pareil cas, d'ailleurs, la neutralité serait le comble de l'égoïsme, car tout aussi bien que ces états invoqueraient le secours de l'Allemagne, s'ils étaient destinés à être les premiers attaqués, tout aussi bien l'Allemagne a-t-elle le droit d'en attendre, qu'ils contribuent à la défense d'une cause qui est ostensiblement la leur, plus encore que la sienne. Elle n'est en effet menacée que dans une de ses provinces, dont le sacrifice lui rendrait d'ailleurs l'existence de la Belgique et de la Hollande indifférente, au lieu que ces deux états sont bien réellement menacés d'être rayés de la carte d'Europe.

En théorie, la fiction de neutralités garanties par les traités, de fontières devant lesquelles les cosaques même tirent respectueusement leurs bonnets, par pur désintéressement, sont de fort belles choses; mais nous craignons bien, que dans la pratique, au moment où pareilles neutralités pourraient seulement avoir un sens, elles ne signifient rien du tout. En fait d'ailleurs, ces neutralités, telles que les interprètent les états qui en jouissent, impliquent des contradictions palpables. Si ces neutralités sont telles que les états neutres le prétendent, à quoi bon leurs petites armées; car, ou la neutralité est une vérité, et alors ces armées sont superflues, ou elle n'en est pas une, et alors elles ne peuvent leur être d'aucune utilité, sans le secours d'une grande puissance.

Mais, à quoi bon ces neutralités, si elles n'ont de valeur qu'en temps de paix; et de quel droit ces états soi-disant neutres prétendent-ils requérir le secours des grandes puissances, s'ils refusent de leur tendre la main même en cas de guerres purement défensives?

Nous ne voulons pas cependant rejeter absolument le principe de neutralité, parceque nous ne méconnaissons pas l'idée éminemment pacifique qui l'a consacré; mais nous pensons qu'il devrait se borner à exclure toute alliance d'états neutres avec un agresseur, attendu qu'il ne saurait logiquement, sans renier sa propre origine, traiter de même l'agresseur et l'état qui se défend. Au surplus, nous sommes persuadé qu'il suffirait de consulter le peuple de ces trois états neutres, pour voir confirmer notre opinion. Ces populations éclairées, riches, industrieuses et pratiquement versées dans les matières de droit, en général, ne balanceraient pas un instant à accepter la tâche honorable qui leur incombe. Elles comprennent bien mieux que nos diplomates, que le donquichottisme, et fut-il même représenté par un million de chevaliers errants, est un anachronisme, depuis que la chevalerie voyage en chemin de fer, marche au violon pour dettes, et que les cheminées de fabrique défient les tourelles de nos manoirs.

Dans l'énumération de ces trois états neutres, dont la population est en majorité germanique, nous avons omis, à dessein, trois autres états d'origine entièrement germanique, et tout aussi dignes de marcher aux premiers rangs, dans cette croisade de la civilisation germanique contre l'obscurantisme latin. Il s'agit de la Suède et de la Norwège, ainsi que du Dannemark. Malheureusement, nous ressentons ici comme un remords patriotique, que nous voudrions pouvoir communiquer à tout vrai Allemand, et surtout au gouvernement prussien. Les Danois attendent depuis déjà plusieurs années la réalisation d'engagements positifs, réalisation qui intéresse avant tout l'honneur du nom allemand. Jusqu'à cette heure, le gouvernement prussien a incontestablement et grossièrement abusé de sa qualité de fort, vis-à-vis d'un voisin faible et persécuté par le sort. Or l'heure est arrivée où cette iniquité doit cesser, tout particulièrement dans l'intérêt de la Prusse. Il ne peut en effet pas lui être indifférent, de voir les états scandinaves forcés de faire redresser ces torts, par un ennemi qui prochainement aura le plus grand intérêt à avoir des alliés dans la Baltique, et à disposer du Sund et du Belt. Nous ferons observer à ce propos, que le généreux désintéressement de S. M. le roi de Prusse dans la question de Neuchâtel, n'est pas resté sans récompense. Le mépris universel du peuple suisse vis-à-vis des misérables, arrivés sur son sol pour s'y préparer à servir d'éclaireurs aux envahisseurs de l'Allemagne, n'a pas manqué, comme nous le savons positivement, de rappeler à de meilleurs sentiments un très-grand nombre de jeunes gens, sur le point de prendre à leur tour des passe-ports autrichiens. Donc, justice pour le Dannemark!

Jusqu'ici nous n'avons traité la question d'alliances naturelles, ou plutôt relativement naturelles, qu'au point de vue des états le plus immédiatemment menacés; voyons maintenant quel peut être à cet égard l'intérêt de l'Autriche.

Il est de fait, que quelques jours après l'entrevue de Salzbourg, alors que les journaux fourmillaient de conjectures sur la matière, le roi de Hannovre, dans un accès de joie plus légitime que discret, fit part à ses intimes, que l'un des premiers dignitaires de l'armée autrichienne lui avait donné l'assurance, qu'au printemps la France et l'Autriche marcheraient contre la Prusse, et qu'alors un de leurs premiers actes serait de provoquer un soulèvement dans le Hannovre, au profit d'une restauration.

Il est en outre constant, que ce haut dignitaire fut personnellement à Hietzing, pour adresser ses félicitations à la famille royale, le matin du fameux toast *restaurateur* de George Rex.

Maintenant faudrait-il inférer de ces faits et de cette coïncidence, que notre cabinet s'est irrévocablement engagé vis-à-vis de la France? — Nous ne le pensons pas! Nous avons d'excellentes raisons pour admettre, au contraire, que la perspective de restauration ouverte au roi George, dans une communication qui n'était peut-être pas même officielle, fut subordonnée à la condition, que la Prusse ne respectât pas le traité de Prague. Mais alors, que signifierait le toast du Stadtpark? car jusqu'à cette heure, il n'est personne au monde qui pût reprocher à la Prusse d'avoir violé ce traité! — Voilà la considération qui, malgré nous, et en flagrante contradiction avec l'opinion publique de notre pays, nous force à envisager un instant la possibilité d'une alliance franco-autrichienne.

Nous disions tout à l'heure, qu'entre la Russie, la Prusse et l'Italie, il existe une entente provisoire pour le cas de guerre; ce qui revient à dire, que le jour où Napoléon jettera son masque pacifique, il y aura coalition de ces trois puissances. Ce fait étant donné, il s'en suit que si la Russie et l'Italie prennent part à une guerre qui ne les menace pas directement, il faut qu'elles aient intérêt à le faire. Il faut même admettre, qu'elles ont un plus grand intérêt à prendre parti pour l'Allemagne que pour la France. Maintenant, quel peut être cet intérêt? — Il suffit de se rappeler les prétentions que les Italiens élèvent sur quelques-unes de nos provinces méridionales, et de savoir, que l'ambassadeur de Russie a offert la Bessarabie et notre Transsylvanie à Mr. Bratiano, envoyé extraordinaire du prince Charles, en échange de l'alliance de la Moldo-Valachie, pour être parfaitement orienté à cet égard.

Si en effet cette coalition trouvait, comme Russes et Italiens le souhaitent, l'Autriche alliée de la France, l'on peut affirmer qu'elle ne tendrait à rien moins qu'à nous anéantir.

On commencerait par s'emparer de la Gallicie et de la Bukovina, exploiter les tendances du parti magyar qui veut en revenir à l'union personnelle pure et simple, et agiter toutes nos populations slaves, à l'aide d'émissaires et de démonstrations, dont la Silésie et la Servie seraient les centres, pour allumer la révolution à l'intérieur, et la guerre à toutes nos frontières simultanément.

De cette manière, l'on compte tellement neutraliser les forces de l'Autriche, que deux simples armées russe et italienne suffissent, pour nous empêcher d'envoyer un seul bataillon au secours de notre allié, tandisque la coalition fournirait à la Prusse au moins un demi million de combattants.

En un mot, nos adversaires comptent nous paralyser tout particulièrement à l'aide de la révolution, et en y employant aussi peu de leurs propres forces qu'ils le pourront.

On prête même à un homme d'état russe le propos suivant: „Il nous est beaucoup plus avantageux d'avoir l'Autriche pour ennemie que pour alliée; car si elle était notre alliée, nous n'eussions aucune des chances d'agrandissement qu'elle nous présenterait comme ennemie et, en outre, nous aurions la perspective de lui rembourser les dépenses d'entretien de nos troupes, et d'en payer le transport par chemins de fer."

Voilà selon l'opinion des adversaires de l'Autriche, la tactique que l'on voudrait nous appliquer, et les dangers auxquels nous serions éventuellement exposés. Nous ne nous sentons pas compétent pour apprécier ces plans au point de vue militaire; mais nous sommes convaincu que toutes les espérances que nos ennemis fondent sur la révolution sont entièrement chimériques. Il est plus qu'improbable, qu'après être restés absolument passifs en 1866, en face de la légion Klapka, alors que leurs vœux constitutionnels n'étaient pas réalisés, les Magyars voulussent s'exposer aujourd'hui à compromettre leur indépendance pour les Russes, dont ils ont tout à redouter. Et quant à nos Slaves, ils ont donné en tout temps des preuves si incontestables de fidélité et d'attachement à l'Autriche ; ils ont prodigué leur sang avec un dévouement si héroïque sur tous nos champs de bataille, que ce serait leur faire gratuitement injure, que d'admettre qu'ils aient donné aux Russes le moindre sujet de compter sur eux. Un peuple qui a des antécédants aussi honorables que les Slaves autrichiens, ne peut pas dégénérer à ce point, en conséquence d'une partie de plaisir que quelques chefs de partis viennent de faire à Moscou. Sans doute, nous ne comprenons pas les tendances qui poussent nos Slaves à s'abstenir de la vie constitutionnelle que nous leur offrons. Mais nous espérons que cette abstention ne sera pas de longue durée. Il ne nous parait pas possible, que des hommes aussi éminents que MM. Palacky, Rieger et consorts, puissent être dépourvus de sens pratique, au point de ne pas être accessibles aux transactions qu'on leur propose. En tous cas, nous souhaitons vivement que les Slaves autrichiens ôtent à leurs adversaires tout sujet de les suspecter de conspirer avec l'étranger, et qu'ils renoncent définitivement à faire de la politique de reminiscences, pour faire de la politique actuelle. Puissent-ils surtout ne pas perdre de vue, que pendant qu'ils nous font des querelles pour des riens, les Jésuites prennent possession de la Bohême, sans aucune contradiction de leur part!

Il serait par contre bien à désirer aussi, que nos amis politiques, des journaux respectables comme la „Neue freie Presse," missent un peu plus d'eau dans leur vin quand ils boivent à la santé de la Constitution, de peur de blesser inconsidérément les légitimes susceptibilités des Slaves. Ce n'est pas en leur marchant à toute occasion sur les pieds, qu'on les portera à oublier, qu'ils font partie d'un géant dont la tête touche au pôle, et dont les extrémités se rencontrent chez nous un peu par tout!

En conséquence de ces considérations, nous croyons pouvoir nous rassurer entièrement, quant à la part que nos adversaires voudraient assigner aux Magyars et aux Slaves dans la révolution, qu'ils croient pouvoir provoquer chez nous. Les Valaques nous inspirent absolument la même confiance.

Mais si même l'Autriche n'a rien à craindre ni de Kossuth, ni des pèlerins de Moscou, ni des descendants des anciens maîtres du monde, sa position en serait-elle pour cela bien favorable, au cas qu'elle fût réellement l'alliée de la France? Evidemment non! car toutes les autres difficultés prévues et tous les autres plans conçus de nos adversaires subsisteront ce nonobstant, et sont plus que suffisants pour les faire atteindre leur but. Nous constatons qu'il existe chez nous force honnêtes gens, qui ne peuvent pas s'ôter de l'idée, que la Russie a juré la perte de l'Autriche, et qu'elle travaillerait à réaliser ce plan, même si nous nous joignions à elle dans la présente occasion. La Russie et la Prusse, disent ces habiles politiques, sont d'accord pour se partager l'Autriche à la première occasion favorable, et plutôt aujourd'hui que demain. Ah certes! si ce plan pouvait réellement exister, alors nous n'aurions plus rien à dire marchons avec la France, quand même ; et puisqu'on nous menace de la révolution, payons à notre tour de fausse monnaie: révolutionnons la Pologne, le Hannovre, la Sibérie s'il le faut. Mais avant de nous mettre en route, avant de nous coiffer du chapeau calabrais, raisonnons un peu de sang froid; voyons un peu ce que c'est que ce croquemitaine!

Le gouvernement prussien est doué d'un bon sens, pour le moins égal au nôtre; quoiqu'on en dise, il ne veut ni concordat ni nonciature, et sa feuille officielle n'a jamais rien publié d'analogue à l'invitation relative aux médailles de sauvetage mexicain. Une autre preuve de bon sens de Mr. de Bismark, c'est qu'il a la singulière prétention de ne pas payer ses diplomates pour ramer et patiner avec les souveraines. Il exige qu'ils travaillent, qu'ils lui livrent régulièrement des rapports véridiques, sur les pays dans lesquels ils sont accrédités; et plus ces rapports sont exacts plus il s'obstine à maintenir ses agents à leur poste — même quand ils sont impossibles!

De cette manière il arrive que Mr. de Bismark sait toujours avant le 1er Janvier, quand une grande guerre doit éclater au printemps. C'est également ainsi qu'il est parvenu à opposer, il y a deux ans, non sans un certain succès, un peu de fer à la tendance très-manifestement exprimée dans un article secret du Concordat autrichien, de propager l'ultramontanisme dans l'Allemagne protestante, sous le masque d'une reconstruction politique de la Confédération.

On conçoit donc aisément, qu'un homme qui voit clair jusque dans les archives cléricales de l'Autriche — ce qui n'est pas facile — pèse aussi le pour et le contre quand il s'agit d'alliances. Il serait superflu, par conséquent, de s'amuser à prouver, que Mr. de Bismark n'a pas recherché l'alliance de la Russie; tandisqu'il serait puéril de contester, qu'il n'ait fait tout ce qui dépendait de lui pour maintenir l'alliance avec l'Italie, et ramener l'Autriche à une politique d'intérêts : c'est-à-dire à une alliance intime et permanente avec l'Allemagne. Il serait oisif autant qu'ingrat, de se livrer à des récriminations, pour établir à qui la faute si, malgré elle et contrairement à ses intérêts, la Prusse est forcée d'accepter l'alliance de la Russie. C'eut été au „Livre Rouge" à nous le dire; mais il se tait là-dessus, comme sur tant d'autres négociations importantes concernant la politique extérieure: nos correspondances intimes avec le roi de Saxe, par exemple!

Il suffira cependant de faire observer aux hommes sérieux doués de quelque perspicacité politique, que si même la Russie avait les plans qu'on lui prête vis-à-vis de nous, la Prusse aurait presque autant d'intérêt à les déjouer que l'Autriche elle-même. Le jour en effet où le Czar serait maître de notre Gallicie, et de la Bukovina, les Slaves enclavés en Prusse comme en Autriche, ne pourraient plus être contenus dans l'obéissance, et passeraient à la Russie en entrainant avec eux toute la population allemande avec laquelle ils sont mêlés. Par la même occasion la Moldo-Valachie avec ses nouvelles annexes, et la Turquie d'Europe, jusqu'à l'Adriatique, seraient infailliblement la proie des Russes. On conçoit que la Prusse n'aurait rien à gagner à ce partage; et que si elle avait bien réellement jamais conspiré contre nous avec la Russie, son plus mortel ennemi ne pourrait pas lui souhaiter une peine plus grave pour ce forfait. Ce serait le suicide, avec l'aspect d'une agonie polonaise!

L'idée que la Prusse pût jamais penser à livrer, de propos délibéré, sa ligne de l'Oder et la presque totalité de l'Autriche à la Russie, est d'une extravagance tellement colossale, qu'il faut être fou pour s'y arrêter. Cette considération nous dispense tout naturellement, de discuter les projets qu'on lui attribue quant à nos provinces allemandes; car quelles sont les provinces que la Russie ne pût pas réclamer au nom du panslavisme? — Le Tyrol tout au plus; et certes, il vaudrait bien la peine de conspirer pour la patrie des Greuter et des Ricabonna!

D'ailleurs, si ce dernier plan existait bien réellement, ce n'est pas sur la Prusse que la honte en retomberait, mais sur nous Allemands autrichiens. Il nous suffit en effet de ne pas vouloir d'annexion, pour que personne ne nous en parle. Prenons exemple à la petite Suisse. Elle aussi est un pays polyglotte composé de trois nationalités, qui, bien mieux que nous, correspondent directement à la nation dont chacune d'elle tire son origine. Mais essayez de parler à ces Allemands, Italiens ou Français helvétiques, de les annexer à la nationalité voisine; et tous vous répondront: „plutôt mourir!" Eh bien, fesons la même réponse, nous Autrichiens: Magyars, Slaves et Allemands, à quiconque oserait nous faire une proposition aussi injurieuse, et la Révolution se le tiendra pour dit.

Si donc l'Allemagne est forcée de s'imposer aujourd'hui l'alliance de la Russie, elle le fait sans arrière-pensée contre l'Autriche. Si toute fois notre gouvernement n'était pas rassuré à cet égard, Mr. de Beust sait à quel prix il peut ou réconcilier l'Autriche avec la Russie et la Prusse, ou prendre la place de la Russie à côté de la Prusse. Dans ces deux alternatives, la condition principale est de s'engager à respecter et à faire respecter le principe de non-intervention, dans toutes les questions nationales, et notamment dans celles d'Allemagne et d'Orient.

Nous comprenons cequ'il en doit coûter à notre cabinet, de rompre avec ses bonnes vieilles traditions, en renonçant à faire de la haute politique; mais notre salut est peut être à ce prix, car à l'heure qu'il est, l'Autriche est, pour nous servir d'une expression triviale, assise sur deux chaises. La France ne se chaud guère de son alliance, ainsi que plusieurs journaux français nous l'ont déjà déclaré ouvertement; et la Prusse, après nous avoir assez tendu la main, pense que c'est maintenant à notre tour à faire des avances. Malheureusement, nous ne pouvons nous décider entièrement ni pour une alliance ni pour l'autre; car, tandisque nous irritons la Prusse par nos coups d'épingles, comme dans la question des passe-ports, ou en fournissant à George Rex l'occasion de découvrir que les artisans hannovriens sont aussi des créatures humaines, nous ne fesons pas assez pour la France. D'après la nouvelle évolution qui a succédé aux pourparlers de Salzbourg, il semblerait que l'Autriche veut se réserver pour le moment décisif, où elle tomberait alors sur le vaincu. Mais, ne pourrait-il pas bien lui arriver encore là, de tomber entre vainqueur et vaincu, comme celà lui est déjà arrivé une fois, durant la guerre d'Orient?

Puissions nous d'ailleurs, cette fois-ci, ne pas tomber, par dessus le marché, encore sur un

Concordat; car on sait que nos ultramontains ne manquent jamais de donner un coup de pied à l'Autriche, quand ils la voient à terre.

Nous n'avons fait entrer ici en ligne de compte ni l'Angleterre ni l'Amérique, malgré que ces puissances fussent appelées à jouer un rôle peut-être essentiel dans la guerre qui se prépare. Autant que les circonstances permettent de le conjecturer, il est cependant presque certain, que ces deux puissances se neutraliseront l'une l'autre, ou réserveront, d'un commun accord, leurs forces intactes pour l'heure de la décision. Pour le moment cependant, l'Allemagne et la Russie ont beaucoup plus de chances d'attirer ces puissances dans leurs intérêts que leur partie adverse. Les Etats-Unis sont partisans du principe de non-intervention; et l'Angleterre, qui fut jadis la première à le recommander à l'Europe, ne le reniera pas, nous l'espérons, au moment où pour la première fois il s'agit de le faire triompher définitivement: d'ouvrir par là même une voie assurée au régime constitutionnel, qui doit équilibrer l'Europe et nous assurer la paix à perpétuité.

Puisse l'Autriche prendre à cette heure suprême, la seule résolution digne de son glorieux passé, la seule qui promette un glorieux avenir: celle de s'allier irrévocablement à l'Allemagne!

ERRATA.

Page 11, à la 6e ligne, lisez: de l'Allemagne, au lieu de: d'Allemagne.
„ 65, „ 15e „ „ y compris ceux qui „ „ „ y compris qui.
„ 164, „ 7e „ „ doué „ „ „ dué.

Folgende in unserem Verlage erschienene Bücher sind in allen Buchhandlungen vorräthig:

L'Autriche à la recherche de la meilleure des alliances, 8. 1867. 80 kr. = 16 Ngr.

Richter, Dr. K. Th., Betrachtungen über die Welt-Ausstellung von 1867. gr. 8. 1867. 80. kr. = 15 Ngr.

— — die Entwicklung des Arbeiterstandes. gr. 8. 1866. 2. Aufl. 60 kr. = 12 Ngr.

— — das Recht der Frauen auf Arbeit und die Organisation der Frauen-Arbeit gr. 8. 1867. 60 kr. = 12 Ngr.

— — Kunst und Wissenschaft in Gewerbe und Industrie. gr. 8. 1867. 1 fl. 50 kr. = 1 Thlr.

Becker Bernh., der Missbrauch der Nationalitätenlehre. gr. 8. 1867. fl. 1.— = 20 Ngr.

Procházka, Dr. J. J., Oesterreichs Rettung. gr. 8. 1867. 80 kr. = 16 Ngr.

Schulze-Delitzsch oder **Lasalle?** Wem sollen wir folgen? Eine Vergleichung der beiden Systeme Staatshilfe und Selbsthilfe. Von einem Arbeiter. 8. 1868. 10 kr. = 2 Ngr.

Mand, Dr. J. E., das Concordat ist kein Staatsvertrag und die Civilehe ein Postulat der Sittlichkeit. gr. 8. 1868. 30 kr. = 6 Ngr.

Unter der Presse:

Becker Bernh., die Reaction in Deutschland gegen die Revolution von 1848, in socialer, politischer und nationaler Beziehung beleuchtet. gr. 8. 1868.

A. Pichler's Witwe & Sohn,
Verlagsbuchhandlung in Wien.

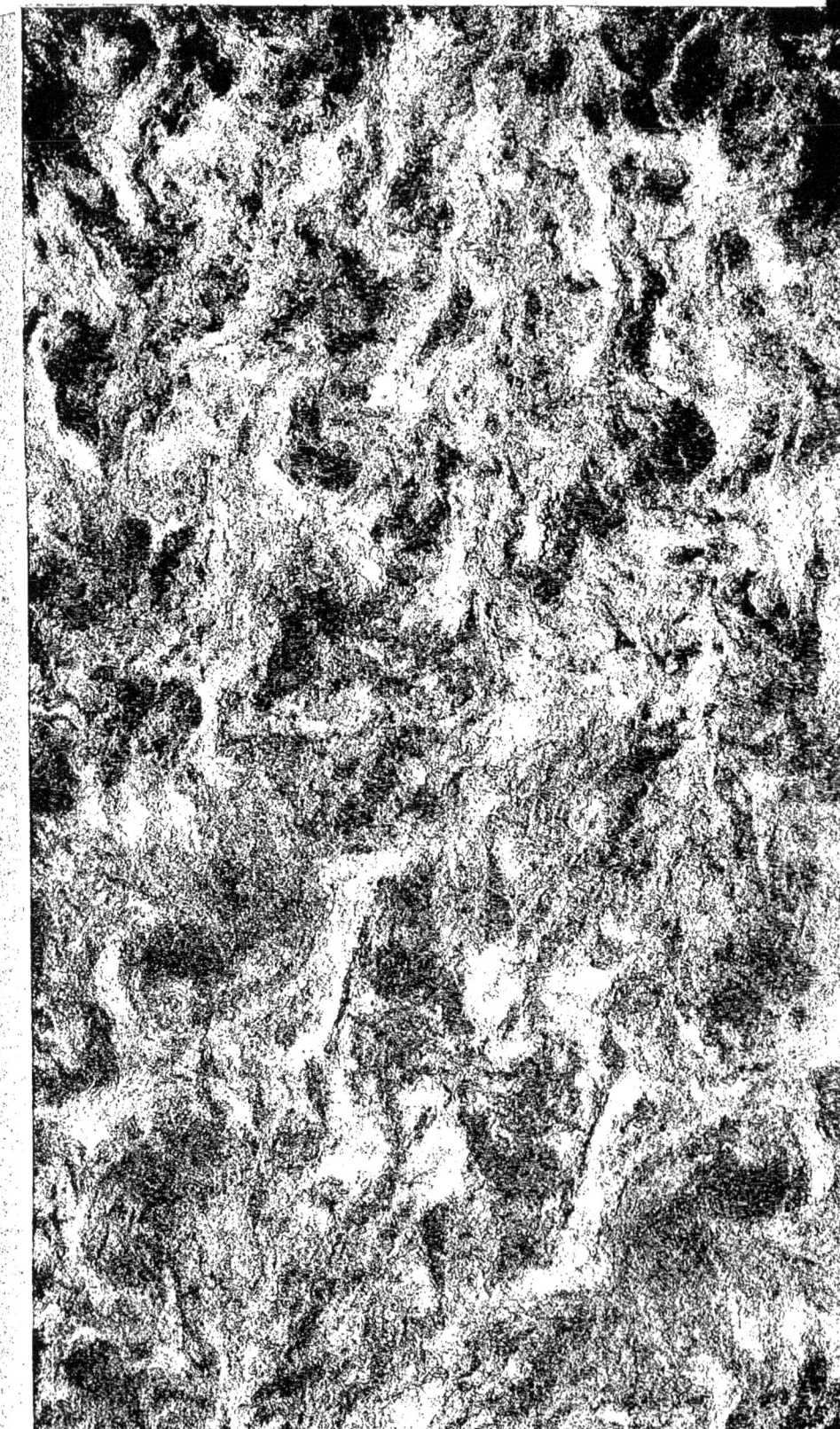

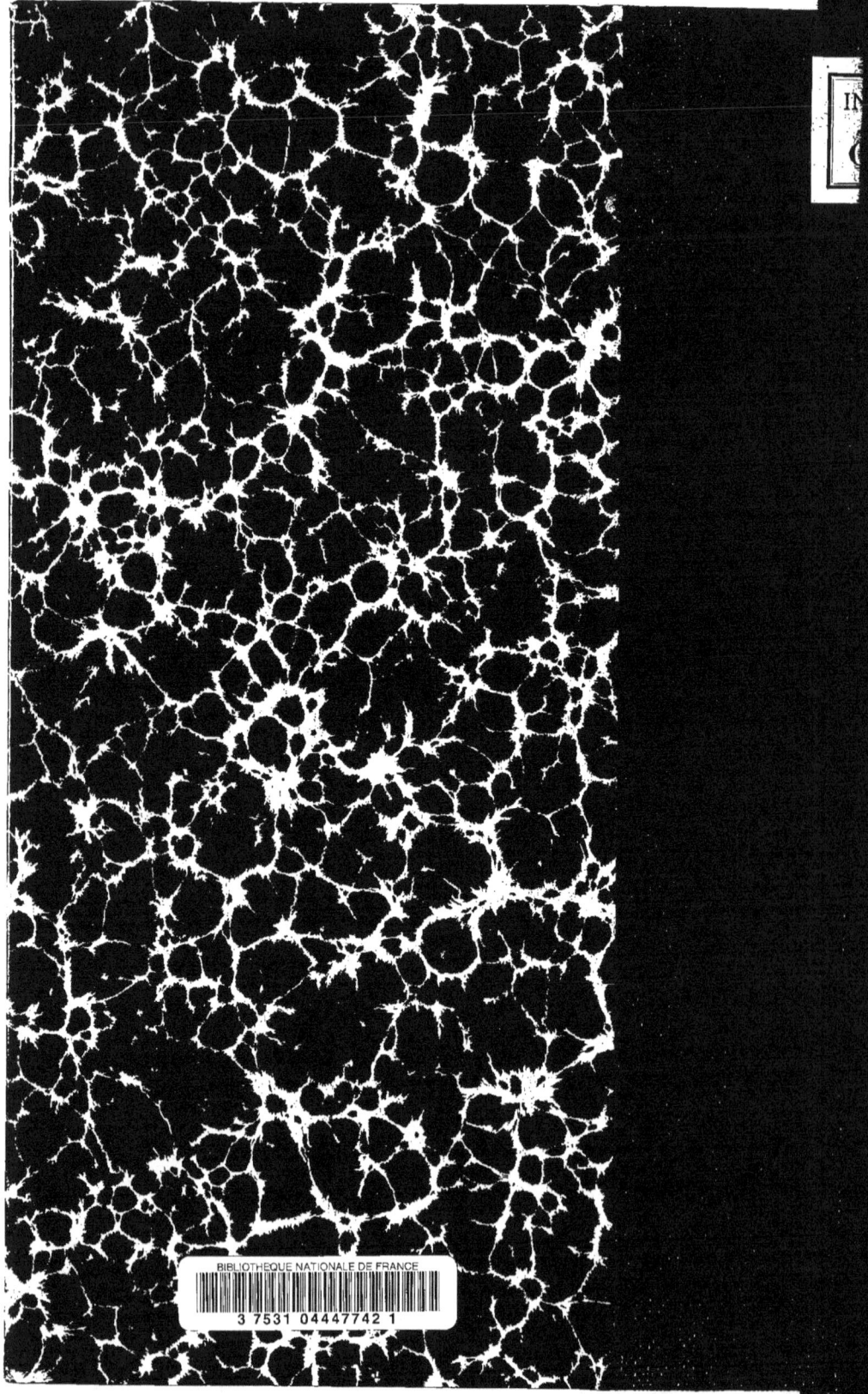

www.ingramcontent.com/pod-product-compliance
Lightning Source LLC
Chambersburg PA
CBHW051900160426
43198CB00012B/1690